BAUR AU LAC
ZURICH SWITZERLAND

EXPRESSION OF A LIFESTYLE

BAUR AU LAC
Talstrasse 1 · CH - 8001 Zurich · Switzerland
Phone +41 (0)44 220 50 20 · Fax +41 (0)44 220 50 44
info@bauraulac.ch · www.bauraulac.ch

KARL WILD
HOTELRATING SCHWEIZ

DIE 150
BESTEN HOTELS
DER SCHWEIZ

2014 | 15

WEBER AG VERLAG

www.karlwild-hotelrating.ch

INHALT

Editorial 5

AUSGEZEICHNETE

Hotel des Jahres	13
Hotelier des Jahres	15
Hotelkoch des Jahres	17
Concierge des Jahres	19
Aufsteiger des Jahres	21
Rückkehrer des Jahres	23
Einsteiger des Jahres	25
Auslandhotelier des Jahres	27

Bewertungskriterien 29
Das Karl Wild Hotelrating Schild 31

HOTELKATEGORIEN

Die 40 besten Ferienhotels der Schweiz 32

Die 35 besten Nice-Price-Ferienhotels der Schweiz 78

Die 25 besten Wellnesshotels der Schweiz 118

Die 25 besten Stadthotels der Schweiz 148

Die 15 besten Familienhotels der Schweiz 178

Die 10 besten Seminarhotels der Schweiz 198

REGIONENÜBERSICHT

Übersichtskarte Schweiz	214
Genf / Genève	217
Genferseegebiet (Waadtland)	217
Bern Region	219
Basel Region	219
Berner Oberland	221
Wallis	225
Luzern – Vierwaldstättersee (Zentralschweiz)	229
Tessin	231
Zürich Region	233
Ostschweiz	235
Graubünden	237
Inserentenverzeichnis	243
Charta	245
Schlusspunkt	249
Partner	253
Impressum	256

Karl Wild

STERNE LEUCHTEN SO HELL WIE NOCH NIE

Die Besten unter den Schweizer Tophotels verteidigen ihre Spitzenpositionen seit Jahren mit einer ähnlichen Leidenschaft, ja Verbissenheit wie die Starköche ihre drei Michelin-Sterne. Das Eden Roc in Ascona bleibt das beste Ferienhotel im Land. Und auch das Grand Resort Bad Ragaz (Wellness), The Dolder Grand in Zürich (Stadt) und das Albergo Losone (Familien) liessen sich nicht von der Spitze ihrer Kategorien verdrängen. Einen Wechsel gab es dagegen in der Rangliste mit den besten Nice-Price-Ferienhotels: Nach vier Jahren musste das Hotel mit dem berühmten Namen Pirmin Zurbriggen Platz eins an den Davoser Seehof abgeben. Das Zurbriggen ist gewiss nicht schlechter geworden. Ganz im Gegenteil. Aber der Seehof hat innert eineinhalb Jahren derart toll aufgerüstet, dass der Sprung an die Spitze unaufhaltsam war.

In der Königsklasse mit den besten Ferienhotels hat sich The Chedi Andermatt aus dem Nichts auf Rang 3 katapultiert. Das ist ein Paukenschlag, der in der 18-jährigen Geschichte des Schweizer Hotelratings einmalig ist. Das Hotel mit dem magischen Namen entzückte schon wenige Monate nach der Eröffnung auch die grössten Kritiker und Skeptiker. Selbst notorische Berufsnörgler beschränkten ihre Kritik mangels Argumenten auf den Wind, der etwas gar unbarmherzig durchs Urserental fege. Als täte er das zur Winterszeit nicht überall in den Bergen. Neben The Chedi schafften mit dem W Verbier (Rang 12) und dem Intercontinental Davos (27) zwei weitere neue Luxusherbergen auf Anhieb den Sprung ins Rating.

Der Überflieger unter den Ferienhotels ist das Le Grand Bellevue in Gstaad, das gleich 13 Ränge gewann und erstmals in den Top Ten auftaucht. Ein derart gewaltiger Sprung ist ebenfalls noch nie dagewesen. Ermöglicht hat dies die neue Besitzerschaft, die ein Hotel (wieder-)eröffnet hat, das komplett anders ist als die andern Luxusherbergen in Gstaad. Entsprechend vielversprechend sind die Zukunftsperspektiven. Gar noch einen Rang vor dem Bellevue liegt das Grand Hotel Park, das vier Plätze gutmachte. Zusammen mit der Legende Palace bringt Gstaad somit erstmals drei seiner berühmten Häuser unter die ersten Zehn. Da vermag nur noch

RELAX, DREAM, CELEBRATE

Das renommierte Hotel im Herzen von Zermatt verfügt über 84 Zimmer – vom Einzelzimmer bis zu Junior- und Luxussuiten –, eine topmoderne Infrastruktur für Konferenzen und über grosszügig ausgebaute Tennis-, Squash-, Fitness- und Wellness-Anlagen.

Im «Alex Grill» mit seinen Walliser Spezialitäten und exquisiten Fisch- und Fleischgrilladen, in der «Alex Lounge Bar», im Weinkeller «Bodega Bacchus» oder im Sommer an der «Sunset Bar» auf der Terrasse verwöhnen wir unsere Gäste.

HOTEL ALEX FOR ALL YOUR SENSES

Familien Perren & Hürlimann, Bodmenstrasse 12, CH-3920 Zermatt, Switzerland
Tel. +41 (0)27 966 70 70, Fax +41 (0)27 966 70 90
info@hotelalexzermatt.com, www.hotelalexzermatt.com

EDITORIAL

Ascona mit dem Eden Roc, dem Castello del Sole und dem Giardino mitzuhalten. Ins schöne Bild der Berner Oberländer Hotellerie passt auch das Hotel Spitzhorn. Die neu eröffnete 3-Stern-Superior-Perle in Saanen schaffte es in der Kategorie der besten Nice-Price-Ferienhotels gleich auf Anhieb auf Rang sieben und ist ein enormer Gewinn für die Mittelklasshotellerie im Saanenland.

Der neue Guide umfasst erstmals 150 Hotels (statt 125 wie bisher). In Zusammenarbeit mit erfahrenen Seminar- und Tagungsveranstaltern listen wir nun auch die zehn besten Seminarhotels auf. Dabei konzentrierten wir uns bewusst nicht auf die grossen Kongresszentren in den Städten, sondern auf inspirierende Seminarhotels an bevorzugter Lage mit der Aura der Einzigartigkeit. Auffallend: Die Region Thunersee brachte neben dem Sieger, dem Eden in Spiez, gleich drei weitere Häuser unter die besten Vier.

Dank der Aufstockung können wir jetzt auch 40 statt wie bisher 30 der besten Ferienhotels auflisten. In dieser Kategorie fielen ärgerlicherweise immer wieder sehr gute Häuser durch die Maschen. Darunter wahre Perlen wie das Backstage Hotel Vernissage in Zermatt, das In Lain Hotel Cadonau in Brail, das Hotel Walther in Pontresina oder das Giardino Lago in Minusio. Sie alle kehren jetzt zurück. Ähnlich sah es bei den Wellness- und bei den Stadthotels aus. Beide Kategorien wurden deshalb um fünf Häuser aufgestockt. Nur noch 15 statt wie bisher 20 Häuser umfasst anderseits die Liste mit den besten Familienhotels. Die Besten – insbesondere in Lenzerheide-Valbella – sind zwar stark und können mit der ausländischen Konkurrenz locker mithalten, doch dahinter ist bald einmal fertig lustig.

Neben dem Hotel des Jahres, dem Cervo in Zermatt, zeichnen wir auch dieses Jahr wieder Personen aus, die sich um die helvetische Hotellerie ganz besonders verdient gemacht haben. Der Titel Hotelier des Jahres geht an Damaris und Christian Lienhard vom Hof Weissbad im appenzellischen Weissbad. Thomas Walz (Guarda Val, Lenzerheide) ist Hotelkoch des Jahres, Eliane Walter Schuller (The Dolder Grand) ist Concierge des Jahres, Alain Bachmann (The Chedi, Andermatt) ist Aufsteiger des Jahres,

guarda val
Maiensässhotel, Sporz 1'600 m

EDITORIAL

Ilse und Michel Wichman (Spitzhorn, Saanen) sind Rückkehrer des Jahres, Daniel Koetser (Le Grand Bellevue, Gstaad) ist Einsteiger des Jahres und Dominique Godat (Metropol Hotel, Moskau) Auslandhotelier des Jahres.

Und wenn wir schon bei den Namen sind: Anerkennung verdienen auch wieder einmal die privaten Investoren, die mit ihren Milliardenspritzen die Schweizer Tophotellerie in den vergangenen zehn Jahren zurück an die Weltspitze gebracht haben. Es sind Namen wie Karl-Heinz Kipp (Tschuggen Hotel Group), Urs E. Schwarzenbach (The Dolder Grand), Thomas Schmidheiny (Grand Resort Bad Ragaz), Daniel Borer (Giardino Hotel Group), Hortense Anda-Bührle (Castello del Sole, Storchen), Samih Sawiris (The Chedi), Philip und Spyros Niarchos (Kulm St. Moritz, Kronenhof), Thomas Straumann (Les Trois Rois), Donatella Bertarelli (Park Hotel Gstaad), Daniel Koetser und Rudolf Maag (Le Grand Bellevue), Martin Denz (Park Weggis), Peter Pühringer (Park Hotel Vitznau), Alfred Gantner (Guarda Val Lenzerheide), Walter Guyer (Villa Orselina), Jürg Opprecht (Lenkerhof) oder die Sandoz-Stiftung der Familie Landolt (Riffelalp, Beau-Rivage Palace).

Wenn die Schweizer Hotellerie derzeit optimistischer als zuletzt in die Zukunft blickt, so liegt das auch an der Unterstützung durch Schweiz Tourismus und Hotelleriesuisse. Schweiz Tourismus ist dank Jürg Schmid zur mit Abstand stärksten touristischen Länder-Marketingorganisation in Europa geworden. Und Hotelleriesuisse hat in den vergangenen Jahren enorm an Schlagkraft gewonnen. Zudem ist der Verband in der Vergabe von Hotelsternen (wir haben diese übernommen) kompetent und international anerkannt. Bleibt zu hoffen, dass Hotelleriesuisse im Herbst den richtigen Nachfolger für den zurücktretenden Präsidenten Guglielmo Brentel wählt. Der Fähigste steht im Bündnerland bereit.

Ich wünsche Ihnen viel Freude an den «150 besten Hotels der Schweiz».

Karl Wild
Autor und Herausgeber

Es braucht nicht viel um herausragend zu sein: Nur Einzigartigkeit!
Herzlichen Glückwunsch an unsere 34 nominierten Hotels.

Arosa Kulm Hotel & Alpin Spa, Arosa   Tschuggen Grand Hotel, Arosa
Castello del Sole, Ascona   Hotel Eden Roc, Ascona
Grand Hotel Quellenhof & Spa Suites, Bad Ragaz
Grand Hotel Les Trois Rois, Basel   Hotel Schweizerhof Bern, Bern
Bellevue Palace, Bern   Hôtel Guarda Golf, Crans-Montana
LeCrans Hotel & Spa, Crans-Montana   Beau-Rivage, Genf
Four Seasons Hotel des Bergues, Genf   Le Richemond, Genf Dorchester Collection
Mandarin Oriental, Genf   Grand Hotel Bellevue, Gstaad   Grand Hotel Park, Gstaad
Gstaad Palace, Gstaad   Victoria-Jungfrau Grand Hotel & Spa, Interlaken
Lausanne Palace & Spa, Lausanne   Beau-Rivage Palace, Lausanne-Ouchy
Le Mirador Kempinski Lake Geneva, Le Mont-Pèlerin
Hotel Splendide Royal, Lugano   Palace Luzern, Luzern
Fairmont Le Montreux Palace, Montreux   Beau-Rivage Hotel, Neuchâtel
Grand Hotel Kronenhof, Pontresina   Badrutt's Palace Hotel, St. Moritz
Carlton Hotel, St. Moritz   Kulm Hotel St. Moritz, St. Moritz
Suvretta House, St. Moritz   Grand Hôtel du Lac, Vevey
Park Weggis, Weggis   Grand Hotel Zermatterhof, Zermatt
Mont Cervin Palace, Zermatt   Baur au Lac, Zürich
Eden au Lac, Zürich   The Dolder Grand, Zürich
Widder Hotel, Zürich

SWISS DELUXE HOTELS

The Founders of
Exceptional Service

CERVO MOUNTAIN BOUTIQUE RESORT
Seraina und Daniel F. Lauber

HOTEL DES JAHRES

Unser Hotel des Jahres ist mehr als ein Hotel: Es ist ein einzigartiges Erlebnis fernab von jeglichen Zwängen und Dresscodes. Erschaffer dieser unverwechselbaren Perle zehn Minuten oberhalb von Zermatt sind Seraina und Daniel F. Lauber, die sich vor fünf Jahren den Traum vom eigenen Hotel erfüllten. Herzstück des in zwei Etappen erbauten Boutiquehotels mit fünf Sternen ist das Haupthaus mit Rezeption, Restaurant, Bar und Lounge. Hier treffen sich zum Apéro Hausgäste, Einheimische und gutgelaunte Menschen aus aller Welt. Im Winter gehts an der Aussenbar auch mal hoch zu und her, denn das Cervo liegt direkt am Ende der Talabfahrt. Die sechs Chalets mit 35 wunderschön eingerichteten Zimmern, die sich ums Haupthaus gruppieren, sind eine Wucht. Jedes Chalet verfügt über einen eigenen Wellnessbereich mit Outdoor-Jacuzzi, was die Gäste geradezu magisch anzieht. Ein anderer Trumpf ist die prächtige Sonnenterrasse mit Blick hinunter ins Dorf und hinauf zum Matterhorn. Wer es sich hier gemütlich macht und dazu die Köstlichkeiten aus der Küche geniesst, erlebt ungeahnte Momente des Glücks.

Bild: Bruno Voser / Schweizer Illustrierte

AMANERO
der sizilianische Amarone

Zu geniessen in ausgewählten Restaurants, zu bestellen unter www.schuler.ch oder Tel. 041 819 33 33

Intensives Bouquet

weicher Auftakt

unvergessliches Finale

SCHULER
St. JakobsKellerei 1694

DAMARIS UND CHRISTIAN LIENHARD
Hotel Hof Weissbad, Weissbad AI

HOTELIER DES JAHRES

Als Vizedirektor des legendären Hans C. Leu im Giardino Ascona erlebte Christian Lienhard einst an vorderster Front mit, wie man aus dem Nichts ein Hotel aufbaut. Im Giardino lernte er auch seine Frau Damaris kennen. Als die beiden mit dem Aufbau des 30-Millionen-Projekts Hof Weissbad in Weissbad bei Appenzell begannen, gab ihnen niemand eine Chance. Doch die Skeptiker rieben sich schon bald die Augen. Ab dem dritten Jahr wurden schwarze Zahlen geschrieben, nach fünf Jahren lag die Auslastung konstant auf dem Schweizer Rekordniveau von gut 95 Prozent, der Hof wurde zu einem der rentabelsten Hotels überhaupt. Heute, genau 20 Jahre nach dem Start, sind aus den 47 Mitarbeitenden von einst 187 geworden. Für 2013 konnte ein Rekordumsatz von gut 20 Millionen Franken präsentiert werden. Der Betriebsgewinn lag deutlich über 600 000 Franken, und fürs Jubiläumsjahr 2014 zeichnet sich bereits ein neuer Rekord ab. Damaris und Christian Lienhard, die längst zu den kreativsten und innovativsten Hoteliers im Land zählen, schrieben eines der schönsten Schweizer Hotelmärchen.

KULM HOTEL ST. MORITZ
★★★★★

GRAND HOTEL KRONENHOF PONTRESINA
★★★★★

man wird sich an sie erinnern - **seien sie unsere gäste**

Unter gleicher Besitzerschaft vereinen die beiden Schwesterhotels **Kulm Hotel St. Moritz** und **Grand Hotel Kronenhof** Tradition und Moderne. Erleben Sie eine Grandhotellerie, die seit über 160 Jahren die 5-Sterne-Verwöhnkultur lebt und spezielle Momente schafft, die Ihnen noch lange im Gedächtnis bleiben werden.

Schreiben Sie mit uns Geschichte.

Kulm Hotel · 7500 St. Moritz
T +41 81 836 80 00 · info@kulm.com · www.kulm.com
Grand Hotel Kronenhof · 7504 Pontresina
T +41 81 830 30 30 · info@kronenhof.com · www.kronenhof.com

THOMAS WALZ
Maiensässhotel Guarda Val, Lenzerheide

HOTELKOCH DES JAHRES

Das romantische Restaurant Guarda Val hinter den verwitterten Balken eines ehemaligen Maiensässes zählt zu den schönsten in Graubünden. Und gekocht wird hier schon lange auf höchstem Niveau. Karl-Heinz Schuhmair hiess einst der Künstler am Herd. Er erkochte sich einen Michelin-Stern, verlor ihn wieder und verliess das Guarda Val vor einem Jahr. Sein Nachfolger wurde Thomas Walz, während vier Jahren Schuhmairs Vize. Und seither kommen die Guarda-Val-Gäste, darunter auffallend viel (echte) Prominenz, kaum noch aus dem Staunen heraus. Denn der erst 30-jährige Bayer hielt dem enormen Erwartungsdruck souverän stand, blühte förmlich auf und liess seinen berühmten Lehrmeister rasch vergessen. Im Guarda Val wurde wohl noch nie so innovativ und phantasievoll gekocht wie heute. Und der Michelin-Stern, der grosse Traum von Thomas Walz, dürfte auch bald wieder über der Heide erstrahlen. Dass der charismatische Restaurantchef Aldo Perolini ebenfalls zu den Allerbesten seines Fachs gehört, vervollständigt das schöne Bild im Guarda Val.

36.5° – Quelle des Seins

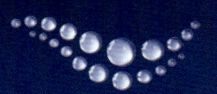

The Leading Wellbeing & Medical Health Resort – www.resortragaz.ch

Erleben Sie die erfrischende Reinheit des Ragazer Thermalwassers und tauchen Sie ein in Ihre persönliche Quelle des Wohlbefindens. Weit weg vom Alltag bringen Sie Ihr Sein mit Entspannung, Ruhe und Harmonie ins Gleichgewicht.

GRAND RESORT
Bad Ragaz
★★★★★

Grand Resort Bad Ragaz AG · 7310 Bad Ragaz · Tel. 081 303 30 30
Fax 081 303 30 33 · vermittler@resortragaz.ch · www.resortragaz.ch

ELIANE WALTER SCHULLER
The Dolder Grand, Zürich

CONCIERGE DES JAHRES

Die Gäste im Dolder Grand sind anspruchsvoll. Leerläufe werden von der Ankunft bis zur Abreise nicht toleriert. Manch einer hat ausgefallene Sonderwünsche. Andere erwarten einen goldrichtigen Tipp, wieder andere suchen rettenden Rat. In einem solchen Hotel gibt es eigentlich nichts, das es nicht gibt. Zuständig für alles Mögliche und Unmögliche ist Eliane Walter Schuller, Leiterin eines neunköpfigen Conciergeteams. Und wer in der Nobelherberge am Zürichberg verkehrt, weiss: Je verzwickter die Situation, desto schneller erreicht die stets aufgestellte Chefconcierge ihre Hochform. So ist sie zu einer Schlüsselfigur geworden, die das Dolder entscheidend mitprägt. Ihr Wissen eignete sich die gelernte Hotelfachassistentin in London und in verschiedenen Schweizer Luxushäusern an. Als The Dolder Grand vor sechs Jahren wiedereröffnet wurde, bewarb sie sich als Concierge und wurde später zur Chefin befördert. Sie sei ganz einfach die Beste gewesen, sagt Managing Director Mark Jacob. Und sie habe den besten Job der Welt, fügt die Concierge des Jahres an.

GRAND HOTEL  ZERMATTERHOF

www.zermatterhof.ch

ALAIN BACHMANN
The Chedi, Andermatt

AUFSTEIGER DES JAHRES

Alain Bachmann arbeitete in berühmten Häusern wie dem Peninsula in Chicago oder dem Ritz-Carlton in Moskau, ehe er vor vier Jahren in die Schweiz zurückkehrte. Er wurde Stellvertreter von Jean-Yves Blatt im Gstaader Grand Hotel Park, das von der neuen Besitzerin Donatella Bertarelli für 45 Millionen Franken renoviert worden war und neu positioniert werden musste. Während seiner fast 15 Jahre im Ausland war Bachmann immer wieder beeindruckt gewesen vom Pioniergeist des Schweizers Hans R. Jenni und des Indonesiers Adrian Zecha, den beiden in Singapur lebenden Köpfen hinter der Chedi-Philosophie. Die beiden Chedis auf Bali und das Chedi Muscat sind nämlich weit mehr als Hotels. Es sind extravagante Gesamtkunstwerke mit einem unvergleichlichen Lebensstil und einer unübertrefflichen Servicekultur. Als The Chedi den überraschenden Schritt ins Urnerland wagte, erkannte Bachmann darin eine nie wiederkehrende Chance. Und er nutzte sie. Das Andermatter Hotel mit dem magischen Namen wird von den Medien auf allen fünf Kontinenten mit Begeisterung gefeiert.

The Roots of Alpine Hospitality

Wir sind Gastgeber und Freunde, Unternehmer und Erfinder. Wir erfüllen Wünsche und Träume, an die unsere Gäste noch gar nicht gedacht haben. Unsere Mission ist «den Gästen Gutes tun». Der Leitspruch von Alexander Seiler aus dem Jahr 1853 ist auch heute noch unser Motto – und wir sind stolz darauf.

Mont Cervin Palace*****S, Monte Rosa****
www.seilerhotels.ch

ILSE UND MICHEL WICHMAN
Hotel Spitzhorn, Saanen

RÜCKKEHRER DES JAHRES

Während acht Jahren führte Michel Wichman zusammen mit seiner Frau Ilse das Luxushaus Grand Hotel Bellevue in Gstaad, das heutige Le Grand Bellevue. Vor vier Jahren machte er sich selbstständig und war mit seiner Firma an der Entwicklung verschiedener Projekte wie dem Clouds im Zürcher Prime Tower beteiligt. In ihren Herzen blieben die Wichmans freilich immer Gastgeber. Als die Basler Versicherung vor zwei Jahren mit dem Projekt eines 3-Stern-Superior-Hotels an die beiden herantrat, brauchten sie nicht lange zu überlegen. Schliesslich fehlt es in der Region seit Jahren an herausragenden Mittelklasshäusern, und sie konnten das Projekt Spitzhorn erst noch von Beginn weg mitgestalten. Das Comeback der Wichmans, die mit der Basler einen Pachtvertrag über zehn Jahre abschlossen, verlief geradezu triumphal. In ihren geliebten Gastgeberrollen – er als Aussenminister, sie als Innenministerin – liefen die beiden Rückkehrer zu grandioser Hochform auf. Und die neue Hotelperle Spitzhorn erreichte schon im ersten Winter eine traumhafte Auslastung.

HERZLICHEN GLÜCKWUNSCH

Gstaad Saanenland Tourismus gratuliert den Hotels der Region zum hervorragenden Ranking.

Golfhotel Les Hauts de Gstaad & Spa****ˢ
Le Grand Bellevue*****ˢ
Grand Hotel Park*****ˢ
Gstaad Palace*****ˢ
Hotel Alpenland***
Hotel Alphorn***
Hotel Kernen***
Hotel Le Grand Chalet****
Hotel Spitzhorn***ˢ
Romantik Hotel Hornberg****
The Alpina Gstaad*****ˢ
Ermitage Wellness- & Spa Hotel*****

Come up – Slow down
Entspannung und Genuss in herrlicher Alpenwelt gepaart mit Servicequalität auf höchstem Niveau.

EINSTEIGER DES JAHRES

DANIEL KOETSER
Le Grand Bellevue, Gstaad

EINSTEIGER DES JAHRES

Unternehmer Thomas Straumann wollte sein Gstaader Hotel Bellevue, das er zehn Jahre zuvor vor dem Untergang gerettet hatte, verkaufen. Daniel Koetser, ein anderer Unternehmer, den das Bellevue schon lange interessierte, wollte kaufen. Koetsers Schwiegervater Rudolf Maag, langjähriger Weggefährte von Straumann, stellte den Kontakt her. Und man wurde sich rasch einig; schliesslich war es eine absolute Win-win-Situation. Die im Saanenland verwurzelten Koetser und Maag kauften das Hotel gemeinsam und verwandelten es mit Hilfe von Koetsers Gattin Davia, einer Innenarchitektin, in ein Traumhaus von unverwechselbarem Charakter. Daniel Koetser übernahm die Leitung des neuen Le Grand Bellevue nach einer halbjährigen Renovationszeit gleich selbst. Und der Quereinsteiger, zuletzt Partner eines auf die Entwicklung und das Management von Luxus- und Lifestylehotels spezialisierten Unternehmens, kann das. Davon konnten wir uns im vergangenen Winter, der für das trendig-coole Hotel zum totalen Erfolg wurde, überzeugen. Dank den neuen Besitzern geht die märchenhafte Story vom Bellevue weiter.

ALPINE LUXURY
WITH AN ASIAN TWIST

THE CHEDI ANDERMATT FREUT SICH AUF IHREN BESUCH

Traditionelle alpine Bauweise in modernster Gestaltung: Das Fünfsternehaus The Chedi Andermatt vereint behaglichen Alpine Chic mit anmutigen asiatischen Stilelementen. 104 Zimmer und Suiten, zwei erstklassige Restaurants und ein grosszügiger Spa sorgen für unvergessliche Erlebnisse.

THE CHEDI

ANDERMATT, SWITZERLAND

GOTTHARDSTRASSE 4   6490 ANDERMATT   SCHWEIZ   T (+41) 41 888 74 88
www.ghmhotels.com

AUSLANDHOTELIER DES JAHRES

DOMINIQUE NICOLAS GODAT
Hotel Metropol, Moskau

AUSLANDHOTELIER DES JAHRES

Elf Jahre lang war Dominique Godat erfolgreicher Direktor im St. Moritzer Kulm, einem der besten Hotels der Alpen. 2013 wechselte er ins Metropol nach Moskau, eine andere Hotellegende. In diesem Jugendstilpalast residierten einst Berühmtheiten wie Michael Jackson und Marlene Dietrich, und Lenin schoss von den Balkonen seine Tiraden gegen den Kapitalismus ab. Zuletzt verlor das Metropol allerdings zusehends an Glanz und wurde vor zwei Jahren für fast 250 Millionen Franken von einem russischen Investor gekauft. Seither sind hier Schweizer am Drücker. Michel Rey, langjähriger Direktor im Zürcher Baur au Lac, übernahm das VR-Präsidium, Dominique Godat die operative Führung. Godat wechselte als Erstes die noch vom sowjetischen Geist geprägten ergrauten Köpfe gegen motivierte junge Mitarbeitende aus, und seither geht es mit der Professionalität und der Qualität der Dienstleistungen markant bergauf. Geplant sind nun Renovationen für gegen 150 Millionen Franken, und dann kann Godat das ganz grosse Ziel anstreben: Das Metropol soll wieder die Nummer eins in Moskau werden.

urbanes Ambiente und schlichte Eleganz

ankommen und sich wohlfühlen

exquisite Speisekultur

ein unvergessliches Erlebnis mitten

in der Stadt

Park Hyatt Zürich befindet sich an erstklassiger Lage.
142 grosszügige Zimmer und Suiten, talentierte
Chefs im Restaurant "parkhuus", "the Lounge"
als eine Oase im Herzen des Hotels und eine
mondäne Atmosphäre in der pulsierenden ONYX Bar.
Lassen Sie sich von uns überraschen und verzaubern.

Reservationen und Auskünfte unter der Telefonnummer
+41 43 883 1234 oder zurich.park.hyatt.com.

PARK HYATT ZURICH™

luxury is personal

The trademarks HYATT®, PARK HYATT® and related marks are trademarks of Hyatt Corporation. ©2014 Hyatt Corporation. All rights reserved.

DIE TESTER UND DIE KRITERIEN

Die Bewertungskriterien für das Hotelrating Schweiz sind in den vergangenen zehn Jahren praktisch unverändert geblieben. Die Anzahl der Tester hat sich auf gut ein Dutzend verdoppelt. Dabei handelt es sich um Spezialisten aus Hotellerie und Tourismus sowie Vielreisende, die zum Teil auch im Ausland als Tester unterwegs sind und entsprechende Vergleichsmöglichkeiten haben. Unsere Experten kommen für die Kosten ihres Aufenthalts selber auf. Sie besuchen die Hotels anonym, genauso wie die Hotel- und Restauranttester des Guide Michelin, des weltweit angesehensten Hotel- und Restaurantführers.

Sämtliche im Hotelrating Schweiz aufgeführten Hotels werden regelmässig getestet. Dasselbe gilt für neue beziehungsweise neu positionierte Häuser und solche, die kräftig investiert oder die Führung ausgewechselt haben. Um die Chancengleichheit zu wahren, werden nur Hotels mit mindestens 12 Zimmern und eigenem Restaurant berücksichtigt.

Bewertet wird nach folgenden 10 Kriterien:
- Wertung der massgeblichen Hotel- und Restaurantführer
- Qualitätskontrollen führender Hotelvereinigungen
- Investitionstätigkeit
- Gastfreundschaft
- Charisma und Innovationsfreude des Hoteliers
- Charakter und Originalität des Hauses
- Lage, Freizeitangebot
- Preis-Leistungs-Verhältnis
- kategorienspezifische Angebote
- subjektiver Gesamteindruck

In der erstgenannten Kategorie können max. 20 Punkte erreicht werden, in den neun übrigen Kategorien maximal je 10. Ein Hotel kann folglich im besten Fall 110 Punkte erreichen.

Im Dezember 2014 erscheint in der SonntagsZeitung zum vierten Mal das Rating «Die 75 besten Winterhotels der Schweiz». Gleichzeitig wird es auf www.karlwild-hotelrating.ch aufgeschaltet. In diesem Rating werden die spezifischen Angebote für Wintersportler besonders gewichtet.

Anmerkung zum Kriterium «subjektiver Gesamteindruck»: In dieser Kategorie punkten namentlich Häuser, die eine Aura der Einzigartigkeit verströmen, in denen man sich aus verschiedenen Gründen besonders wohl fühlt. Es sind die Perlen der Schweizer Hotellerie, die mit der Hardware eines Luxuspalastes nicht unbedingt mithalten müssen.

Hotel spitzhorn

Die Leichtigkeit des Seins

Die Leichtigkeit des Seins

Ein begeisterter Gast hat das Saanenland einmal mit der Harmonie einer schönen Melodie verglichen. Nichts ist übertrieben, alles atmet stille Schönheit in Grün für die Wiesen und Wälder, in Blau für Seen und Himmel, in Weiss für Wolken und Schnee. Man steht da und geniesst, umringt von einem Kranz hochragender Berge. Einer der schönsten trägt den Namen Spitzhorn. Er ist ein Schönwetterberg, er teilt die Wolken. Daran orientiert sich unser Hotel: Wer hier eintritt, lässt die Eile und die Hektik des Alltags hinter sich und betritt das Paradies der Gastlichkeit und des Genusses. *Die Leichtigkeit des Seins* soll unsere Gäste so sehr verzaubern, dass sie sich aufs Wiederkommen freuen.

Das Gastgeberehepaar Ilse und Michel Wichman erwartet Sie.

Hotel Spitzhorn★★★S | CH-3792 Saanen-Gstaad
Tel. +41 33 748 41 41 | Fax +41 33 748 41 46
E-Mail: spitzhorn@spitzhorn.ch | www.spitzhorn.ch

DAS KARL WILD HOTELRATING SCHILD

Kennzeichen der Extraklasse und Symbol für Qualität: Das Karl Wild Hotelrating Schild zeichnet die besten Hotels aus.

Achten Sie bei Ihrem nächsten Hotelbesuch auf das Schild und die Bewertung.

DIE 40 BESTEN
FERIEN-
HOTELS

FERIENHOTELS

HOTEL EDEN ROC ★★★★★˘
DZ/F CHF 350.– bis 890.–

6612 Ascona
Telefon +41 91 785 71 71
www.edenroc.ch

RANG 1

VORJAHR RANG 1

GASTGEBER
Daniel Schälli

HOTEL
Vor Jahrzehnten stand der junge deutsche Harddiscounter Karl-Heinz Kipp am Ufer des Lago Maggiore, sah hinauf zum Eden Roc und träumte davon, hier mal eine Wohnung zu besitzen. Heute gehört ihm alles. Der sechsfache Selfmade-Milliardär kaufte das Eden Roc und verschmolz es mit zwei angrenzenden Hotels zu einer Ferienoase von unvergleichlicher Schönheit. Die tolle Lage direkt am See, der Erlebniswert und die starke Führung durch den jungen Daniel Schälli machen das Eden Roc zum Dauerbrenner an der Spitze der besten Ferienhotels. Kipp bewohnt mit seiner Frau Hannelore eine Traumwohnung auf dem Dach des Haupthauses und hat alles fest im Griff. Schliesslich ist er gerade erst 90 geworden.

RESTAURANTS
4, ausgezeichnet von Guide Bleu und Gault-Millau.

FREIZEITANGEBOT
2 Aussenpools, Privatstrand, hoteleigener Jachthafen mit exklusiven Rundfahrten für Gäste, hoteleigene Wasserskischule mit Angeboten für die ganze Familie, Segelschule, Wakeboard. Kinderspielplatz, Tischtennis, Gratis-Fahrräder, 18-Loch-Golfplatz in unmittelbarer Nähe.

SPA
Exklusive Wellnesswelt auf 2000 m², konzipiert vom Stararchitekten Carlo Rampazzi.

INTERNET
WLAN kostenlos.

ZAHLUNGSMÖGLICHKEITEN
American Express, Diners, Visa, Euro/Mastercard, Maestro, Postcard.

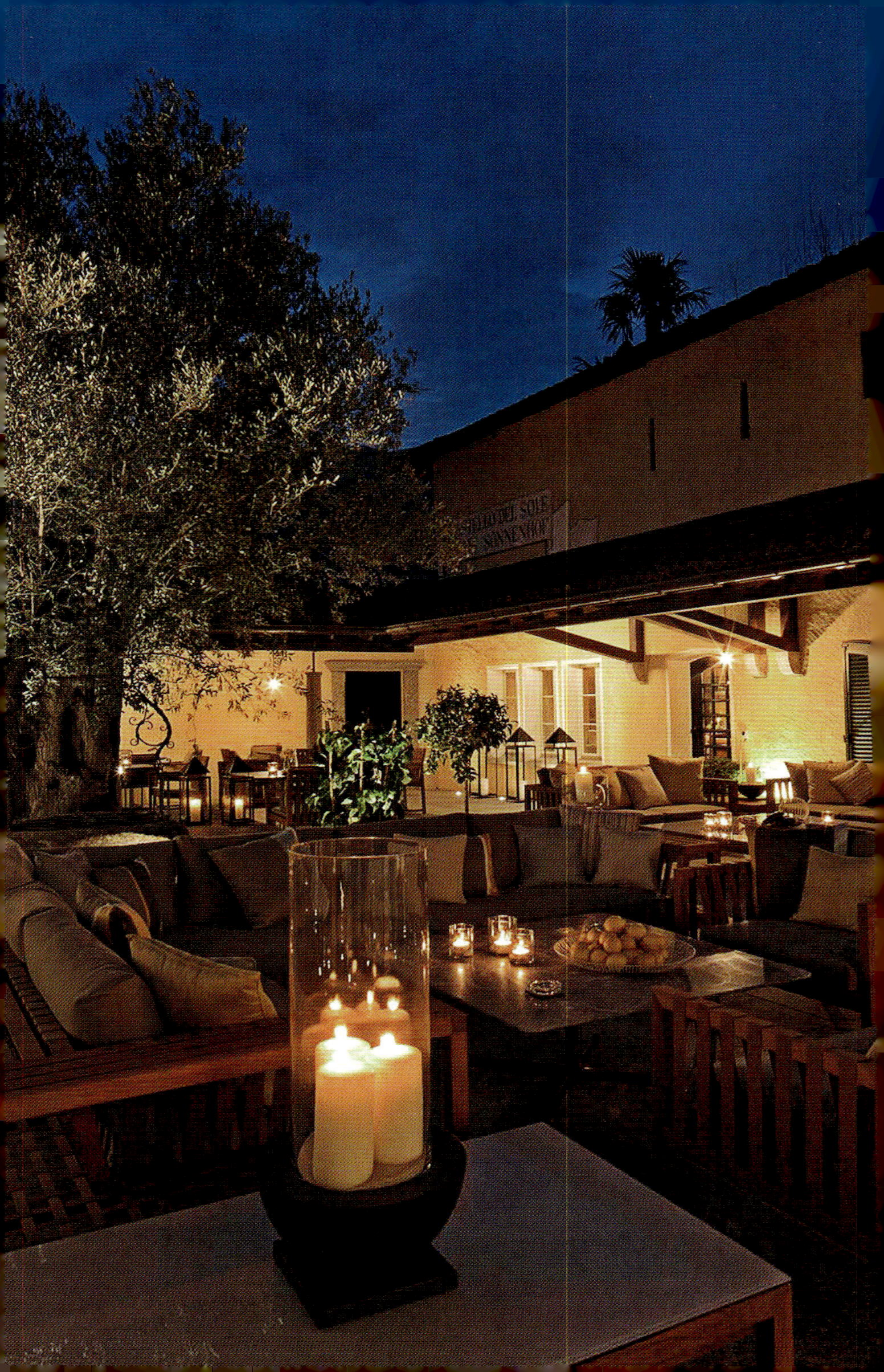

CASTELLO DEL SOLE ★★★★★˘
DZ/F CHF 570.– bis 820.–

6612 Ascona
Telefon +41 91 791 02 02
www.castellodelsole.com

RANG 2 — VORJAHR RANG 2

GASTGEBER
Gabriela und Simon V. Jenny

HOTEL
Das in einem 110 000 Quadratmeter grossen Hotelpark gelegene Castello mit der prächtigen Wellnessoase, dem schönsten Sandstrand der Schweiz und einem eigenen Landwirtschaftsbetrieb lässt sich von Platz 2 nicht verdrängen. Auch auf diesen Sommer hin wurden wieder mehrere Zimmer und Juniorsuiten teils komplett renoviert. Viel Geld wurde zudem in die Technik investiert (unter anderem neue Fernseher in HD-Qualität). Das von Simon und Gabriela Jenny ebenso souverän wie unaufgeregt geführte Castello bleibt eine wunderbare Oase zum Träumen. Und Othmar Schlegel, unser Hotelkoch des vergangenen Jahres, hat (endlich) den hoch verdienten Michelin-Stern erhalten.

RESTAURANTS
3, ausgezeichnet von Guide Bleu und Gault-Millau, Restaurant Locanda Barbarossa mit 1 Michelin-Stern.

FREIZEITANGEBOT
Fitness- und Gymnastikbereich, Privatstrand, Tennis (2 Hallen- und 4 Aussenplätze), Finnenbahn, Putting- und Pitchinggreen, Gratis-Fahrräder, 18-Loch-Golfplatz in unmittelbarer Nähe.

SPA
Exklusive Wellnesswelt auf 2500 m².

INTERNET
WLAN kostenlos.

ZAHLUNGSMÖGLICHKEITEN
Visa, Mastercard, American Express, JCB, Postcard, EC Direkt, Diners.

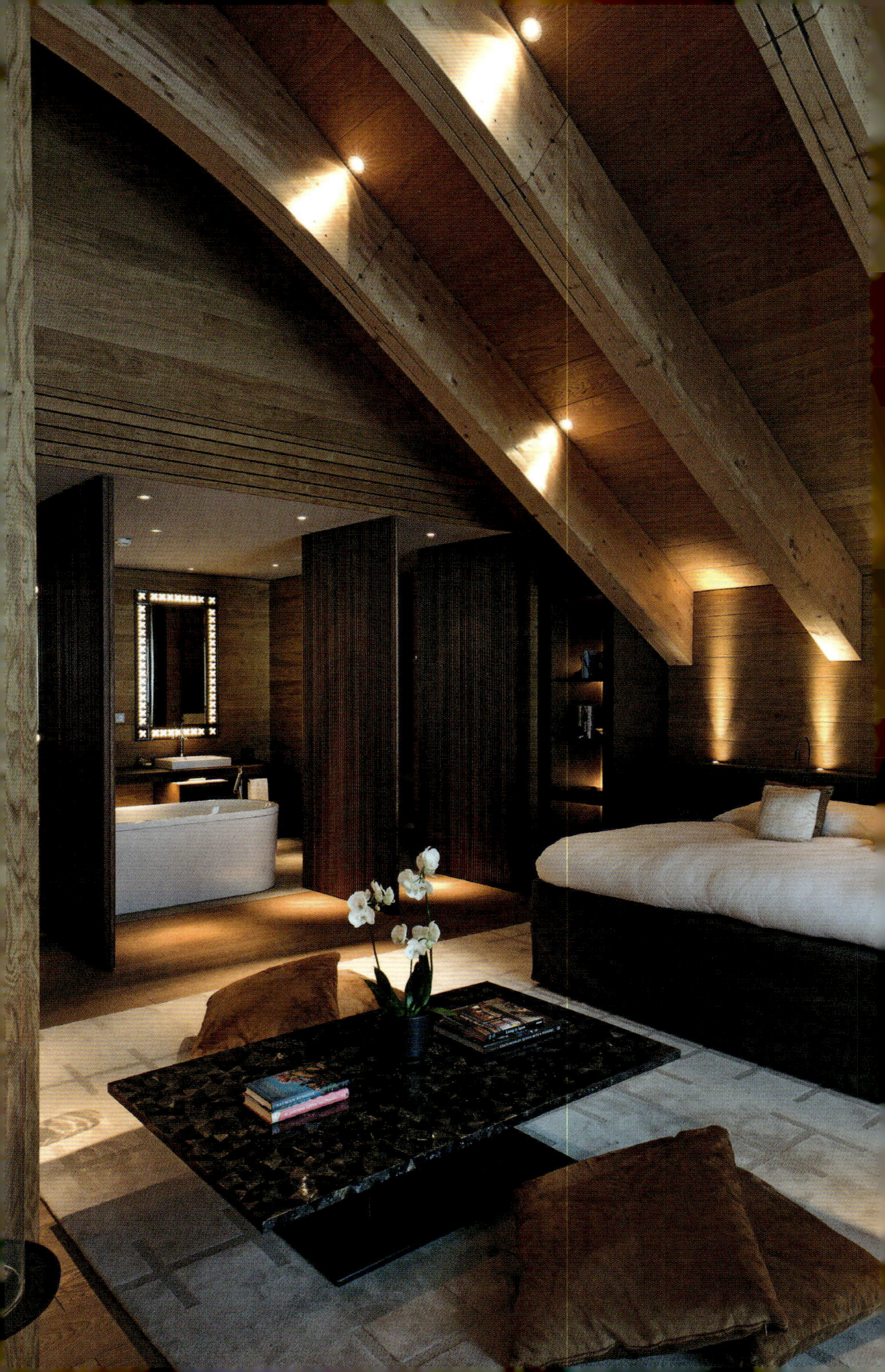

FERIENHOTELS

THE CHEDI ANDERMATT ★★★★★˜
DZ/F CHF 650.– bis 8000.–

6290 Andermatt
Telefon +41 41 888 74 77
www.chediandermatt.com

RANG 3   NEU

GASTGEBER
Alain Bachmann

HOTEL
Es gibt Hotels, bei deren Betreten es einem die Sprache verschlägt. Die den Gast gewissermassen umarmen und ihn augenblicklich in eine andere, schönere Welt entführen. The Chedi gehört zu diesen auch weltweit seltenen Traumhäusern. Das Hotel, das schon lange vor der Eröffnung rund um den Globus für Schlagzeilen sorgte, übertrifft alle Erwartungen. Schöner und raffinierter können Lichtkonzepte und Räumlichkeiten kaum sein. Hier gibt es keinen Marmor und auch keine goldbestückten Türfallen und Wasserhähne. Dafür feiert eine ungemein edel anmutende Schlichtheit, dominiert von Holz, Stein und Leder, wahre Triumphe. Ein Bijou von unermesslichem Wert für die Alpenhotellerie.

RESTAURANTS
2, The Restaurants – geführt von Mansur Memarian – und The Japonese by Hide Qamamoto.

FREIZEITANGEBOT
Skifahren, Langlauf, Schlitteln, Schneewanderung, Wandern und Biken. Eigener 18-Loch-Golfplatz.

SPA
Einmalig schön auf 2400 m².

INTERNET
WLAN kostenlos.

ZAHLUNGSMÖGLICHKEITEN
Alle gängigen Kreditkarten.

THE LEADING HOTELS OF THE WORLD

FERIENHOTELS

GSTAAD PALACE ★★★★★⁻
DZ / F CHF 650.– bis 1890.–

3780 Gstaad
Telefon +41 33 748 50 00
www.palace.ch

RANG 4 **VORJAHR RANG 3**

GASTGEBER
Andrea Scherz

HOTEL
Ein Jahr nach seinem mit verschiedenen gelungenen Anlässen gebührend gefeierten 100. Geburtstag strahlt der Stern des Gstaad Palace heller und schöner denn je. Im weltberühmten Wahrzeichen des Berner Oberländer Nobelkurortes werden wieder etliche Millionen Franken investiert. Zuerst in die Renovation der grossen Restaurant- und Hallenterrassen, anschliessend in den grossen Ballsaal sowie in die Penthouse-Suite. Diese Suite gehört nicht bloss zu den schönsten, sondern auch zu den spektakulärsten überhaupt in den Alpen. Besitzer Andrea Scherz unternimmt alles, damit sein Palace die Nummer eins im Ort bleibt. Und er tut es auf äusserst überzeugende Weise.

RESTAURANTS
5, ausgezeichnet von Guide Bleu und Gault-Millau.

FREIZEITANGEBOT
Tennis (4 Aussenplätze, 3 Hallenplätze in der Nähe), 3 Pools (frisch sanierter 50-m-Aussenpool), 18-Loch-Golfplatz in der Nähe, berühmte GreenGo-Disco.

SPA
1800 m², Leading Spa of the World.

INTERNET
WLAN kostenlos (als erstes Hotel der Schweiz).

ZAHLUNGSMÖGLICHKEITEN
Visa, Mastercard, American Express, Diners, Eurocard, Union Pay (China).

FERIENHOTELS

KULM HOTEL
ST. MORITZ *****

DZ/F CHF 535.– bis 1610.–

7500 St. Moritz
Telefon +41 81 836 80 00
www.kulm.com

RANG 5

VORJAHR RANG 4

GASTGEBER
Jenny und Heinz E. Hunkeler

HOTEL
Das wohltuend unkomplizierte Luxushotel, Heimat auch der Bob- und Skeletonfahrer, zählt seit Jahren zu den besten Hotels der Alpen. Mit dem vor zwei Jahren eröffneten prächtigen Spa erst recht. Heinz und Jenny Hunkeler, vom Schwesterhotel Kronenhof in Pontresina gekommen, haben sich glänzend eingelebt. Was nicht verwunderlich ist: Heinz Hunkelers Vater gleichen Namens hat das Kulm einst während 25 Jahren geführt und geprägt. Derzeit werden von den Hunkelers und dem Verwaltungsrat rund um die Besitzerfamilien Niarchos interessante neue Projekte und Ideen geprüft. Sicher ist derzeit nur eines: Im Kulm kennt man keinen Stillstand.

RESTAURANTS
5, ausgezeichnet von Guide Bleu und Gault-Millau.

FREIZEITANGEBOT
Eigener 9-Loch-Golfplatz mit Driving Range und Golfakademie, 18-Loch-Golfplatz in Samedan, 2 x 18-Loch-Golfplätze in Zuoz, 3 Tennisplätze, Natureisbahn, Curlingplätze, Dracula Club (nur im Winter), Sunny Bar, Cresta Run (Winter).

SPA
Exklusive Wellnesswelt auf über 2000 m².

INTERNET
WLAN kostenlos.

ZAHLUNGSMÖGLICHKEITEN
Visa, Mastercard, American Express, Diners, JCB.

FERIENHOTELS

GIARDINO ASCONA *****˜
DZ / F CHF 420.– bis 790.–

6612 Ascona
Telefon +41 91 785 88 88
www.giardino.ch

RANG 6 **VORJAHR RANG 5**

GASTGEBER
Wolfram Merkert

HOTEL
Das berühmte Giardino Ascona ist das Stammhaus der Giardino Hotel Group, zu der auch das Giardino Mountain in St. Moritz-Champfèr sowie das im nahen Minusio gelegene Giardino Lago gehören. Gegründet wurde das Giardino vom legendären Hans C. Leu, unter dem es Kultstatus erreichte. Nach einigen Wirren erstrahlt das pulsierende Haus am romantischen Seerosenteich jetzt wieder in vollem Glanz. Dies dank Teilzeitarzt Daniel Borer, der die Giardino Hotel Group gründete und den Hotelprofis Philippe und Daniela Frutiger die Beteiligung ermöglichte. Ihre Philosophie der perfekten Gastfreundschaft wird von Resident Manager Wolfram Merkert glänzend umgesetzt.

RESTAURANTS
2, ausgezeichnet von Guide Bleu und Gault-Millau, Ristorante Ecco mit 2 Michelin-Sternen.

FREIZEITANGEBOT
Innen- und Aussenpool, 18-Loch-Golfplatz in unmittelbarer Nähe, Fahrräder kostenlos, eigene Jacht, eigenes Oldie-Postauto, Wassersportmöglichkeiten, beliebte Ausflüge.

SPA
Exklusiver Wellnessbereich auf 1500 m², konzipiert vom Stararchitekten Carlo Rampazzi.

INTERNET
WLAN kostenlos.

ZAHLUNGSMÖGLICHKEITEN
Alle gängigen Kreditkarten.

FERIENHOTELS

BADRUTT'S PALACE HOTEL ★★★★★˜

DZ / F CHF 370.– bis 2335.–

7500 St. Moritz
Telefon +41 81 837 10 00
www.badruttspalace.com

RANG 7 — VORJAHR RANG 6

GASTGEBER
Hans Wiedemann

HOTEL
Hans Wiedemann schreibt im Palace eine der schönsten Hotelgeschichten der Schweiz. Seit der greise Hansjürg Badrutt vor sieben Jahren alle überrumpelte und Wiedemann sein gesamtes Aktienpaket am Palace (geschätzter Wert: rund 250 Millionen Franken) zum Nulltarif vermachte, geht es nur noch aufwärts. Über 100 Millionen Franken konnten investiert werden. Der Glamour kehrte zurück, und mit ihm die Gäste. Heute ist das Palace wieder das, was es einmal war. Rangierbahnhof der feinen Welt. Operationsbasis der gesellschaftlichen Halbgötter. Schmelztiegel der Reichen, Schönen und auch weniger Schönen. Ein Märchenschloss von Weltruf.

RESTAURANTS
5, ausgezeichnet von Guide Bleu und Gault-Millau.

FREIZEITANGEBOT
Multifunktionaler Sportplatz mit zwei Tennisplätzen, Fussball, Volleyball, Basketball. Auf der Schlittschuhbahn (Winter) kann auch Eishockey oder Curling gespielt werden. Der King's Club ist die berühmteste Disco der Alpen.

SPA
Exklusiver Wellnessbereich auf 1700 m².

INTERNET
WLAN kostenlos.

ZAHLUNGSMÖGLICHKEITEN
American Express, Mastercard, Visa, UnionPay, Diners, Club Internationale, JCB, Maestro, V Pay.

SWISS DELUXE HOTELS

THE LEADING HOTELS OF THE WORLD®

FERIENHOTELS

GRAND HOTEL PARK *****˜
DZ / F CHF 600.– bis 22 500.–

3780 Gstaad
Telefon +41 33 748 98 00
www.grandhotelpark.ch

RANG 8

VORJAHR RANG 12

GASTGEBER
Jean-Yves Blatt

HOTEL
Es ist schon erstaunlich, wie sich das einst schier vergessen gegangene Grand Hotel Park innert vier Jahren in ein Hotel der Superlative verwandelt hat. Das liegt nicht bloss an den 45 Millionen Franken, die Donatella Bertarelli in ihr Hotel gesteckt hat. Mindestens ebenso wichtig war die Verpflichtung von Jean-Yves Blatt. Der aus dem benachbarten Rougemont stammende Vollbluthotelier – er war zuvor Vize von Jean-Jacques Gauer im Lausanne Palace – hauchte dem Park das ein, was ihm einst fehlte: Lebensfreude. Oder eine Seele. Kein Wunder, steigt die Zahl der begeisterten Gäste von Jahr zu Jahr.

RESTAURANTS
4, ausgezeichnet von Guide Bleu und Gault-Millau.

FREIZEITANGEBOT
Tennisplatz, Fitnesscenter, Angeln, Billard, Tischtennis, Bibliothek, Kanu, Bowling, Reiten, Minigolf, Innen- und Aussenpool, 18-Loch-Golfplatz in der Nähe, Kinderprogramme, Indoor-Golf-Simulator mit Golf-Pro, exklusive Shops.

SPA
Exklusiver Wellnessbereich auf 1000 m².

INTERNET
WLAN kostenlos.

ZAHLUNGSMÖGLICHKEITEN
Alle gängigen Kreditkarten.

FERIENHOTELS

LE GRAND BELLEVUE GSTAAD ★★★★★˜

DZ / F CHF 390.– bis 1190.–

3780 Gstaad
Telefon +41 33 748 00 00
www.bellevue-gstaad.ch

RANG 9 — VORJAHR RANG 22

GASTGEBER
Daniel Koetser

HOTEL
Le Grand Bellevue ist das jüngste und schönste Hotelwunder im Berner Oberland. Nachdem der Basler Unternehmer Thomas Straumann seine Verkaufsabsichten kundgetan hatte, gab man der Grand Old Lady kaum noch Chancen. Doch dann tauchten zwei Märchenprinzen auf: Milliardär Rudolf Maag und sein Schwiegersohn Daniel Koetser, beide tief verwurzelt im Saanenland. Das Bellevue wurde für einige Monate geschlossen und feierte im vergangenen Winter unter der Führung von Hotelprofi Koetser eine glanzvolle Wiederauferstehung. Jung, modern, ein bisschen schräg und frech auch: Aus dem Bellevue ist ein lebensfrohes Juwel für drei Generationen geworden. Ein Hotel zum Verlieben.

RESTAURANTS
2, ausgezeichnet von Guide Bleu und Gault-Millau, Restaurant Leonard's mit 1 Michelin-Stern.

FREIZEITANGEBOT
Alle Sommer- und Wintersportmöglichkeiten, Hotel-Events, Spielzimmer, 18-Loch-Golfplatz in der Nähe.

SPA
Exklusiver Wellnessbereich auf 2500 m².

INTERNET
WLAN kostenlos.

ZAHLUNGSMÖGLICHKEITEN
Alle gängigen Kreditkarten.

SWISS DELUXE HOTELS

FERIENHOTELS

RIFFELALP RESORT
2222 m *****

DZ/F CHF 570.– bis 1200.–

3920 Zermatt
Telefon +41 27 966 05 55
www.riffelalp.com

RANG 10   VORJAHR RANG 8

GASTGEBER
Hans-Jörg Walther

HOTEL
Die Riffelalp am Fuss des Matterhorns wird von der Aura der Einzigartigkeit umweht. Das Resort auf 2222 m über Meer ist das höchstgelegene Luxushotel Europas. Und es ist eines der wenigen Hotels, die nicht mit dem Auto zu erreichen sind. Wer die von Hans-Jörg Walther souverän geführte Riffelalp als Ferienziel wählt, bleibt denn in der Regel auch mindestens eine Woche. Begeistern lassen sich von dieser wunderbaren Welt für sich insbesondere Skifahrer, Wanderer, Naturliebhaber und Ruhesuchende. Sie erfreuen sich einer grandiosen Infrastruktur. Alljährlich werden Millionen Franken investiert. Diesmal in den Umbau der Wellnessoase.

RESTAURANTS
3, ausgezeichnet von Guide Bleu und Gault-Millau.

FREIZEITANGEBOT
Ski- und Wandergebiet direkt vor der Tür. Ski- und Mountainbike-Verleih im Hotel.

SPA
Über 1000 m², höchstgelegener Aussenpool Europas.

INTERNET
WLAN kostenlos.

ZAHLUNGSMÖGLICHKEITEN
Alle gängigen Kreditkarten.

FERIENHOTELS

GRAND HOTEL KRONENHOF ★★★★★˘

DZ / F CHF 395.– bis 900.–

7504 Pontresina
Telefon +41 81 830 30 30
www.kronenhof.com

RANG 11   VORJAHR RANG 10

GASTGEBER
Marc Eichenberger

HOTEL
Wie das berühmte Kulm in St. Moritz gehört auch der Kronenhof den Brüdern Philip und Spyros Niarchos. Als der Alpentempel in finanzielle Schieflage geriet, kauften sie ihn und investierten in den vergangenen sieben Jahren satte 75 Millionen Franken. Dass der Kronenhof seither wieder zu den besten Hotels zählt, liegt indes nicht allein an der famosen Hardware, sondern auch an der Führung. Heinz und Jenny Hunkeler, die den «neuen» Kronenhof aufgebaut hatten, zogen vor Jahresfrist nach St. Moritz ins Kulm. Der aus dem Park Weggis gekommene Marc Eichenberger erweist sich bereits als würdiger Nachfolger.

RESTAURANTS
3, ausgezeichnet von Guide Bleu und Gault-Millau.

FREIZEITANGEBOT
Alle Sommer- und Wintersportarten. 18-Loch-Golfplatz im nahen Samedan. Attraktive Ausflüge und kulturelle Anlässe.

SPA
Exklusiver Wellnessbereich auf über 2000 m².

INTERNET
WLAN kostenlos.

ZAHLUNGSMÖGLICHKEITEN
Visa, Mastercard, American Express, Diners.

FERIENHOTELS

W VERBIER *****
DZ/F CHF 300.– bis 1000.–

1936 Verbier
Telefon +41 27 472 88 88
www.w-hotels.com

RANG 12 NEU

GASTGEBER
Pierre-Henri Bovsovers

HOTEL
W Hotels ist die Design- und Lifestylemarke der Starwood Hotels & Resorts. Die Häuser nehmen für sich in Anspruch, innovativ, inspirierend und interessant zu sein. Mit spannenden Konzepten sollen sie das totale Ferienerlebnis bieten und Kultstatus erreichen. Entsprechend hoch waren die Erwartungen, als im vergangenen Dezember in Verbier das erste Schweizer W eröffnet wurde. Erfüllt wurden sie zumindest teilweise. Manches (Design, Events) ist durchaus spektakulär, anderes (Abläufe) ist verbesserungsfähig. Was nach wenigen Monaten Öffnungszeit freilich nicht beunruhigend ist. Eine grosse Bereicherung für die Westschweizer Ferienhotellerie ist das W allemal.

RESTAURANTS
4

FREIZEITANGEBOT
Alle Sommer- und Wintersportmöglichkeiten, Night Club.

SPA
Exklusiver Wellnessbereich auf 800 m².

INTERNET
WLAN kostenlos.

ZAHLUNGSMÖGLICHKEITEN
Alle gängigen Kreditkarten mit Ausnahme von Maestro.

FERIENHOTELS

PARK HOTEL VITZNAU ★★★★★
DZ/F CHF 700.– bis 4900.–

6354 Vitznau
Telefon +41 41 399 60 60
www.parkhotel-vitznau.ch

RANG 13

VORJAHR RANG 16

GASTGEBER
Urs Langenegger

HOTEL
270 Millionen Franken hat der Österreicher Peter Pühringer in den Umbau des Schlosses direkt am Vierwaldstättersee investiert. Entstanden ist ein Hotel, das gut ein Jahr nach der Eröffnung auf dem besten Weg ist, ein Traumhotel zu werden. In den 47 individuell gestalteten, mit High Tech vom Feinsten ausgestatteten Juniorsuiten, Suiten und Residenzen dominieren edelste Materialien. Das ungewöhnlich raffinierte Haus birgt zudem eine Fülle von Überraschungen, zum Beispiel ein gigantisches Aquarium mit 7000 Fischen und Korallen. Oder die sechs famosen Weinkeller, in denen 40 000 Flaschen im Gesamtwert von 25 Millionen Franken lagern.

RESTAURANTS
2, ausgezeichnet von Guide Bleu und Gault-Millau, Restaurant Focus mit 2 Michelin-Sternen.

FREIZEITANGEBOT
Privatstrand, Sportboote, Wassersportmöglichkeiten, Tennis, Wanderparadies Rigi, 18-Loch-Golfplätze in der Nähe.

SPA
Exklusiver Wellnessbereich nur für Hotelgäste.

INTERNET
WLAN kostenlos.

ZAHLUNGSMÖGLICHKEITEN
Alle gängigen Kreditkarten.

FERIENHOTELS

THE OMNIA
MOUNTAIN LODGE *****
DZ / F CHF 290.– bis 700.–

3920 Zermatt
Telefon +41 27 966 71 71
www.the-omnia.com

RANG 14

VORJAHR RANG 11

GASTGEBER
Philippe Clarinval

HOTEL
Das majestätisch hoch über Zermatt thronende Omnia ist eines der spektakulärsten Hotels in den Alpen. Das zeigt sich schon auf dem letzten Teil der Anreise, die durch einen Stollen im Berg zu einem Lift führt, in dem der Gast in eine atemberaubend schöne Lobby hinaufschwebt. Seit vor drei Jahren Philippe Clarinval die Führung übernahm und das Team mehr oder weniger komplett auswechselte, ist The Omnia nicht bloss eines der spektakulärsten, sondern auch der besten Hotels. Und trotz ständig wachsender Fangemeinde ist es noch immer ein Geheimtipp für Geniesser mit einem Flair für das gewisse Etwas.

RESTAURANTS
1, ausgezeichnet von GaultMillau.

FREIZEITANGEBOT
Alle Sommer- und Wintersportmöglichkeiten, 9-Loch-Golfplatz in der Region.

SPA
Klein und fein auf 300 m².

INTERNET
WLAN kostenlos.

ZAHLUNGSMÖGLICHKEITEN
Alle gängigen Kreditkarten mit Ausnahme von Diners und japanischen Cards.

MAIENSÄSSHOTEL
GUARDA VAL ★★★★˜

DZ/F CHF 293.– bis 810.–

7078 Lenzerheide
Telefon +41 81 385 85 85
www.guardaval.ch

RANG 15 VORJAHR RANG 15

GASTGEBER
Christine Abel und Matthias Wettstein

HOTEL
Sechs Jahre ist es her, seit Selfmade-Milliardär Alfred Gantner mit seiner Frau Cornelia und Familie über die Heide spazierte und das reichlich verstaubte Guarda Val in einer Blitzaktion kaufte. Anschliessend entnahm er seiner Portokasse gut 30 Millionen Franken und verwandelte die 11 bis zu 300 Jahre alten Ställe und Speicher, die den Bauern einst als Maiensäss dienten, in ein ungemein raffiniertes Hotel von einzigartiger Schönheit. Die beiden Restaurants unter der Führung von Thomas Walz, unserem Hotelkoch des Jahres, zählen zu den besten in der Region. Die Gastgeber Christine Abel und Matthias Wettstein sowieso.

RESTAURANTS
2, ausgezeichnet von Guide Bleu und Gault-Millau.

FREIZEITANGEBOT
Wandern, Skifahren, Fitnesscenter, Angeln, Reiten, Radfahren, 18-Loch-Golfplatz in der Nähe.

SPA
Klein und fein auf 160 m², mit Hot Pot und Blockhüttensauna.

INTERNET
WLAN kostenlos.

ZAHLUNGSMÖGLICHKEITEN
American Express, Diners, Visa, Maestro, EC.

FERIENHOTELS

CARLTON HOTEL
ST. MORITZ *****
Suite/ F ab CHF 900.–

7500 St. Moritz
Telefon +41 81 836 70 00
www.carlton-stmoritz.ch

RANG 16 VORJAHR RANG 9

GASTGEBER
Laurence und Dominic Bachofen

HOTEL
Als das Carlton vor gut einem halben Dutzend Jahren nicht mehr ganz auf dem neusten Stand war, erhielt Besitzer Karl-Heinz Kipp von einer Investorengruppe ein Angebot über eine Viertelmilliarde Franken. Geplant waren Luxusappartements. Kipp lehnte ab. Gemäss eigener Aussage hätte er nicht gewusst, was er mit dem Geld anfangen sollte. Stattdessen entnahm der sechsfache Milliardär seiner Privatschatulle 80 Millionen Franken und verwandelte das Carlton in ein exklusives Suitenhotel. Die extravaganten Räumlichkeiten wurden konzipiert vom Tessiner Stararchitekten Carlo Rampazzi und verleihen dem nur im Winter geöffneten Hotel ein unverwechselbares Gesicht.

RESTAURANTS
2, ausgezeichnet von Guide Bleu und Gault-Millau, Restaurant Da Vittorio St. Moritz mit 1 Michelin-Stern.

FREIZEITANGEBOT
Alle Wintersportmöglichkeiten.

SPA
Exklusiver Wellnessbereich auf 1200 m², Leading Spa of the World.

INTERNET
WLAN kostenlos.

ZAHLUNGSMÖGLICHKEITEN
Alle gängigen Kreditkarten.

SUVRETTA HOUSE ★★★★★⁻
DZ / F CHF 520.– bis 1700.–

7500 St. Moritz
Telefon +41 81 836 36 36
www.suvrettahouse.ch

RANG 17
VORJAHR RANG 13

GASTGEBER
Esther und Peter Egli

HOTEL
Der erhaben auf einem Hochplateau thronende Palast ist das diskreteste und traditionsbewussteste Luxushotel von St. Moritz. Mehrheitsbesitzer sind noch immer die Familien Candrian und Bon, direkte Nachkommen des Gründers Anton Bon. Knapp ein Drittel der Aktien hält Milliardär Urs E. Schwarzenbach, Besitzer des Dolder Grand in Zürich. Am Ende des vergangenen Winters traten Vic und Helen Jacob, die das Haus ein Vierteljahrhundert lang geprägt hatten, zurück. Ihre Nachfolger, Esther und Peter Egli, führten zuletzt ein Luxushotel in England. Schade eigentlich, dass kaum jemand bemerkt hat, dass das Suvretta House im vergangenen Jahr seinen 100. Geburtstag feierte.

RESTAURANTS
5 (3 davon Bergrestaurants), ausgezeichnet von Guide Bleu und GaultMillau.

FREIZEITANGEBOT
Direkter Zugang zum Ski- und Wandergebiet, eigener Skilift, Skishop, Schwimmbad, Aussen-Whirlpool, 3 Tennisplätze, Golf Driving Range, Puttinggreen, 18-Loch-Golfplatz in Samedan.

SPA
1700 m².

INTERNET
WLAN kostenlos.

ZAHLUNGSMÖGLICHKEITEN
Visa, Mastercard, American Express, Diners, Postcard.

MONT CERVIN PALACE *****˜

DZ / F CHF 435.– bis 950.–

3920 Zermatt
Telefon +41 27 966 88 88
www.montcervinpalace.ch

RANG 18

VORJAHR RANG 18

GASTGEBER
Karin und Kevin Kunz

HOTEL
Mit dem Stammhaus der Seiler-Hotelgruppe, einer Legende, geht es Jahr für Jahr aufwärts. Verantwortlich dafür sind namentlich Karin und Kevin Kunz. Mit ihnen hielt so etwas wie Charme und Lebensfreude im Mont Cervin Einzug, ohne dass die Tradition darunter gelitten hätte. Hauptaktionär der Seiler-Betriebsgesellschaft ist Michel Reybier, der mit seiner Aevis Holding den Übernahmekampf um die Victoria Jungfrau Collection gewonnen hat. Das ist nicht bloss ein Glücksfall für die Schweizer Hotellerie, sondern eröffnet auch dem Mont Cervin und dem Zermatter Schwesterhotel Monte Rosa höchst interessante Zukunftsperspektiven.

RESTAURANTS
2, ausgezeichnet von Guide Bleu und Gault-Millau, Ristorante Capri mit 1 Michelin-Stern. Das Dine-around-Angebot für Gäste umfasst 12 Restaurants in ganz Zermatt.

FREIZEITANGEBOT
Alle Sommer- und Wintersportmöglichkeiten, Innen- und Aussenpool, 9-Loch-Golfplatz in der Region.

SPA
1700 m², verteilt auf drei Ebenen, Leading Spa of the World.

INTERNET
WLAN kostenlos.

ZAHLUNGSMÖGLICHKEITEN
Alle gängigen Kreditkarten.

FERIENHOTELS

THE ALPINA GSTAAD ★★★★★˘
DZ/F CHF 850.– bis 1050.–

3780 Gstaad
Telefon +41 33 888 98 88
www.thealpinagstaad.ch

RANG 19

VORJAHR RANG 7

GASTGEBER
Eric Favre

HOTEL
Im 300 Millionen Franken teuren Alpenschloss mit der Silhouette eines Grand Hotels dominieren 350 Jahre altes Holz, Sandstein, Marmor und verblüffende High Tech. Die Panoramasuite mit Private Spa, Outdoor-Jacuzzi und offenem Kamin erstreckt sich über 400 m². Exklusivitäten und Überraschungen folgen sich fast Schlag auf Schlag. Leider sorgte das Hotel auch für Negativschlagzeilen, als die unberechenbare Besitzerschaft in einer Nacht-und-Nebel-Aktion General Manager Niklaus Leuenberger stillos entliess. Nachfolger Eric Favre gibt sich alle Mühe, den entstandenen Schaden zu beheben. Ganz gelungen ist es ihm noch nicht; zu gross ist die Verunsicherung.

RESTAURANTS
3, ausgezeichnet von Guide Bleu und GaultMillau. Restaurant Sommet mit 1 Michelin-Stern und 18 GaultMillau-Punkten.

FREIZEITANGEBOT
Alle Sommer- und Wintersportmöglichkeiten, 18-Loch-Golfplatz in der Nähe. Eigenes Kino, Spielzimmer.

SPA
Exklusiver Wellnessbereich (SixSenses) auf 2000 m².

INTERNET
WLAN kostenlos.

ZAHLUNGSMÖGLICHKEITEN
American Express, Diners, Visa, Mastercard, Maestro Cards, JCB und Postcard.

FERIENHOTELS

LE CRANS HOTEL & SPA *****
DZ/F CHF 550.– bis 1760.–

3963 Crans-Montana
Telefon +41 27 486 60 60
www.lecrans.com

RANG 20

VORJAHR RANG 17

GASTGEBERIN
Paola Masciulli

HOTEL
Aus einer kleinen Familienpension entstand vor vier Jahren fast über Nacht eines der exklusivsten und luxuriösesten Chalethotels der Alpen. Eine intime Rückzugsoase von einzigartiger Schönheit mit nur 14 Zimmern und Suiten. Eingebettet in die wunderschöne Landschaft hoch über Crans. Und mit einer atemberaubenden Sicht auf Alpen und Mont-Blanc. Eine Wucht sind auch die Zimmer (ein Dutzend weitere sind geplant): Jedes versetzt den Gast in eine andere Region oder zu einem andern Berg der Welt vom Himalaja bis zum Kilimandscharo. Und Gastgeberin Paola Masciulli kümmert sich rührend um ihre Gäste.

RESTAURANTS
1, ausgezeichnet von Guide Bleu und Gault-Millau.

FREIZEITANGEBOT
Alle Sommer- und Wintersportmöglichkeiten, Innen- und Aussenpool, Billard, 18- und 9-Loch-Golfplatz in unmittelbarer Nähe.

SPA
Klein und fein auf 400 m².

INTERNET
WLAN kostenlos.

ZAHLUNGSMÖGLICHKEITEN
Alle gängigen Kreditkarten.

FERIENHOTELS

GIARDINO MOUNTAIN ★★★★★˘
DZ / F CHF 355.– bis 820.–

7512 Champfèr-St. Moritz
Telefon +41 81 836 63 00
www.giardino-mountain.ch

RANG 21

VORJAHR RANG 19

GASTGEBERIN
Katrin Rüfenacht

HOTEL
Das jüngste St. Moritzer Lifestyle-Luxushotel überzeugt als lässiges, lockeres 5-Stern-Haus für drei Generationen, das Jahr für Jahr mehr Gäste anzieht. Als Reminiszenz an die frühere Chesa Guardalej blieben beim Umbau Fassade und alte Holzdecken erhalten, doch im Innern bekam das Giardino ein höchst interessantes und attraktives architektonisches Gesicht. Die Zimmer sind mit viel Naturmaterialien ausgestattet. Herzstück des Komplexes ist eine gemütliche Bar-Lounge mit offenem Kamin und Terrasse. Und die Gastfreundlichkeit ist so, wie sie in den Giardino-Hotels eben ist: glattweg perfekt.

RESTAURANTS
2, ausgezeichnet von Guide Bleu und Gault-Millau, Restaurant Ecco on snow mit 2 Michelin-Sternen.

FREIZEITANGEBOT
Alle Sommer- und Wintersportmöglichkeiten, 18-Loch-Golfplatz in Samedan.

SPA
Exklusiver Wellnessbereich auf 2000 m².

INTERNET
WLAN kostenlos.

ZAHLUNGSMÖGLICHKEITEN
Alle gängigen Kreditkarten.

FERIENHOTELS

VILLA ORSELINA *****
DZ/F CHF 290.– bis 680.–

6644 Orselina-Locarno
Telefon +41 91 735 73 73
www.villaorselina.ch

RANG 22 — VORJAHR RANG 27

GASTGEBER
Christoph Schlosser

HOTEL
Seit der in Monaco lebende Schweizer Walter Guyer die Villa Orselina vor gut einem Jahr erwarb und mit mehreren Millionen Franken auf Vordermann brachte, schreibt das sympathische Luxushaus eine einzige Erfolgsstory. Verantwortlich dafür ist namentlich Pächter Christoph Schlosser, der die Villa genau richtig und auf überzeugende Weise zu positionieren wusste. Angesprochen werden Ruhesuchende, die diskreten Luxus, ein stilvolles Understatement und viel Privacy zu schätzen wissen. Dazu kommen eine herzliche Gastfreundschaft und ein südländisches Ambiente. Bemerkenswerterweise haben alle Mitarbeitenden Italienisch als Muttersprache.

RESTAURANTS
1, ausgezeichnet von GaultMillau.

FREIZEITANGEBOT
Tennis, Bibliothek, 18-Loch-Golfplätze in der Nähe.

SPA
Exklusiver Wellnessbereich auf 1000 m², in Zusammenarbeit mit Labo-Spa.

INTERNET
WLAN kostenlos.

ZAHLUNGSMÖGLICHKEITEN
Alle gängigen Kreditkarten.

LENKERHOF GOURMET SPA RESORT ★★★★★˜

DZ / F CHF 470.– bis 700.–

3775 Lenk im Simmental
Telefon +41 33 736 36 36
www.lenkerhof.ch

RANG 23

VORJAHR RANG 20

GASTGEBER
Heike Schmidt und Jan Stiller

HOTEL
Der Lenkerhof bleibt auf Erfolgskurs. Und das nicht etwa in einem Weltkurort, sondern im bescheidenen Flecken Lenk zuhinterst im Simmental. Das liegt daran, dass sich in diesem unkomplizierten Luxushaus alle wohl fühlen. Promis und Nobodys, Multimillionäre und Büezer, Junioren und Senioren – es ist ein Gästemix, von dem jedes Hotel träumt. Auch in diesem Jahr übersteigt das Investitionsvolumen wieder die Millionengrenze. Der wunderschöne Wellnessbereich mit Schwefel-Aussenbad zählt seit der Sanierung vor einem Jahr zu den schönsten in den Alpen, die neuen Seniorsuiten Relax sind mittlerweile jeweils über längere Zeit im Voraus ausgebucht.

RESTAURANTS
4 (davon 1 Bergrestaurant und 1 Kinderrestaurant Der kleine Prinz), ausgezeichnet von Guide Bleu und GaultMillau.

FREIZEITANGEBOT
Alle Sommer- und Wintersportmöglichkeiten, Bibliothek, Tischtennis, Innen- und Aussenpool, täglich Weindegustation, abendliche Live-Musik in der Bar.

SPA
Exklusiver Wellnessbereich mit 7 Saunen auf 2000 m².

INTERNET
WLAN kostenlos.

ZAHLUNGSMÖGLICHKEITEN
American Express, Visa, Diners, Eurocard, Postcard, Electron, JCB, EC.

FERIENHOTELS

AROSA KULM
HOTEL & ALPIN SPA ★★★★★˜
DZ/F CHF 390.– bis 1140.–

7050 Arosa
Telefon +41 81 378 88 88
www.arosakulm.ch

RANG 24
VORJAHR RANG 23

GASTGEBER
André Salamin

HOTEL
Der deutsche Stahlunternehmer und Multi-Aufsichtsrat Jürgen R. Grossmann kam als Gast ins Kulm – und ging als Besitzer. Es war ein riesiger Glücksfall für das Gourmethotel mit der Lobby, die zu den schönsten in der Alpen-Luxushotellerie zählt. Seit dem Besitzerwechsel wurden mehrere Millionen Franken (aus selbst erwirtschafteten Mitteln) investiert, und das Kulm präsentiert sich derzeit in Topform. Das gilt auch für General Manager André Salamin, der zu den herausragenden Fünfsternhoteliers im Land gehört und die aufgestellten Mitarbeitenden glänzend zu motivieren versteht.

RESTAURANTS
6, ausgezeichnet von Guide Bleu und Gault-Millau.

FREIZEITANGEBOT
Alle Sommer- und Wintersportmöglichkeiten, Kutschenfahrten, Ballonfahrten, Gleitschirmfliegen, 18-Loch-Golfplatz in der Nähe, Skipisten, Skilifte, Wanderwege direkt vor dem Hotel.

SPA
Exklusiver Wellnessbereich auf 1500 m² mit Panorama-Spa.

INTERNET
WLAN kostenlos.

ZAHLUNGSMÖGLICHKEITEN
American Express, Diners, Visa, Mastercard, Postcard, Maestro.

CERVO MOUNTAIN BOUTIQUE RESORT *****
DZ/F CHF 380.– bis 850.–

3920 Zermatt
Telefon +41 27 968 12 12
www.cervo.ch

RANG 25

VORJAHR RANG 29

HOTEL DES JAHRES

GASTGEBER
Seraina und Daniel F. Lauber

HOTEL
Vor knapp vier Jahren erfüllten sich Daniel und Seraina Lauber den Traum vom eigenen Hotel. Genauer, von einer Hotelperle zehn Gehminuten oberhalb von Zermatt. Das Haupthaus mit Rezeption, Restaurant, Bar und Lounge war vom ersten Tag an Herzstück des Cervo Mountain Boutique Resorts. Im Winter geht an der Aussenbar auch mal die Post ab, denn das Cervo liegt direkt am Ende der Talabfahrt. Um das Haupthaus gruppieren sich sechs Chalets mit 35 luxuriös-gemütlich eingerichteten Zimmern und Suiten. Dass jedes Chalet über einen eigenen Wellnessbereich mit Outdoor-Jacuzzi verfügt, ist einer der vielen Trümpfe des kleinen Resorts.

RESTAURANTS
2, Cervo-Restaurant ausgezeichnet von Guide Bleu und GaultMillau. Ferdinand: Eröffnung Dezember 2014, Fondue- und Raclettespezialitäten.

FREIZEITANGEBOT
Alle Sommer- und Wintersportmöglichkeiten, 9-Loch-Golfplatz in der Region.

SPA
Jedes Chalet verfügt über Aussen-Whirlpool, Massage- und Kübelduschen, Kneippfussbecken, Massage- und Ruheraum. Beauty-Angebote.

INTERNET
WLAN kostenlos.

ZAHLUNGSMÖGLICHKEITEN
Alle gängigen Kreditkarten.

FERIENHOTELS

HOTEL VILLA HONEGG ★★★★★
DZ/F CHF 580.– bis 1390.–

6373 Ennetbürgen
Telefon +41 41 618 32 00
www.villa-honegg.ch

RANG 26

VORJAHR RANG 21

GASTGEBER
Peter Durrer

HOTEL
25 Millionen haben die Scheichs aus Katar in die Villa auf dem Bürgenstock investiert. Vom traditionsreichen, 1905 erbauten Hotel blieben nur gerade die Grundmauern übrig. Vor drei Jahren konnte dann ein Fünfsternhotel eröffnet werden, das auf seine Art einzigartig ist. Mit einem Pool inmitten von Kuhweiden, einem Kino im Keller, einer grandiosen Sicht auf den Vierwaldstättersee und einer raffinierten Infrastruktur. Auch die luxuriösen Zimmer sind eine Wucht. Diskretion wird hier zwar gross geschrieben, der Gastfreundschaft und Ungezwungenheit tut dies jedoch keinen Abbruch. Wer Lust und genug Geld hat, kann das Haus exklusiv buchen.

RESTAURANTS
1, ausgezeichnet von GaultMillau. Schöne Terrasse im Sommer.

FREIZEITANGEBOT
Privatkino, Kaminzimmer, Fitness, Aussenpool, Elektro-Carts und -Bikes.

SPA
Klein und fein auf 400 m².

INTERNET
WLAN kostenlos.

ZAHLUNGSMÖGLICHKEITEN
Visa, American Express, Diners, Mastercard, JCB, Postcard, EC.

INTERCONTINENTAL DAVOS
DZ/F CHF 270.– bis 1170.–

7260 Davos Dorf
Telefon +41 81 414 04 00
www.intercontinental.com/davos

RANG 27 NEU

GASTGEBER
Peter Pedersen

HOTEL
Das Intercontinental, das erste der Gruppe in den Alpen, verzichtet bewusst auf Sterne, erfüllt jedoch locker sämtliche Voraussetzungen für ein 5-Stern-Superior-Haus. Auf Distanz sieht das Hotel am Eingang zum Flüelatal zwar aus wie ein gigantisches Kreuzfahrtschiff, das einen Berg gerammt hat, dann aber mag es voll zu überzeugen. Ein Immobilienfonds der Credit Suisse hat schliesslich auch 250 Millionen investiert. Unaufdringlicher Luxus, edle Materialien und grosszügige Räumlichkeiten zählen zu den Stärken des Interconti, das für Davos ein enormer Gewinn ist. Ebenso überzeugend: General Manager Peter Pedersen, ein Profi in Sachen Hoteleröffnungen.

RESTAURANTS
3, japanisches Restaurant Matsu, Alpine Brasserie Capricorn, fine Dining und Bar Studio Grigio.

FREIZEITANGEBOT
Winter: Ski, Snowboard, Schlitteln, Langlauf, Tourenski. Sommer: Wandern, Mountainbiken, Segeln, Golfen, Schwimmen, Tennis, Seilpark, Adventure Park usw.

SPA
1200 m^2, Innen- und Aussenpool, Saunen und Dampfbad.

INTERNET
WLAN kostenpflichtig.

ZAHLUNGSMÖGLICHKEITEN
Alle gängigen Kreditkarten.

FERIENHOTELS

GRAND HOTEL ZERMATTERHOF *****
DZ/F CHF 450.– bis 950.–

3920 Zermatt
Telefon +41 27 966 66 00
www.zermatterhof.ch

RANG 28

VORJAHR RANG 26

GASTGEBER
Rafael Biner und Friederike Cossardeaux

HOTEL
Es tut sich was im traditionsreichen Zermatterhof, der die Sommersaison in diesem Jahr auf die Monate Juli und August reduziert. Davor und danach wird umgebaut und renoviert. Unter anderem entstehen eine neue Showküche sowie 14 neue Zimmer und Suiten. Auf den kommenden Winter hin hat der Zermatterhof noch 74 Zimmer (bisher 84), dafür sind diese entschieden grosszügiger als bisher. Auch sonst hält Gastgeber Rafael Biner allerhand Überraschungen bereit. Zum Beispiel eine neue Aussenlounge im Sommer. Und seit dem vergangenen Winter hat das Hotel auch einen eigenen Pferdestall. Betreut werden die drei Tiere von einem früheren Pferdeexperten des Zirkus Knie.

RESTAURANTS
2, ausgezeichnet von Guide Bleu und Gault-Millau.

FREIZEITANGEBOT
Alle Sommer- und Wintersportmöglichkeiten, Minigolf, 9-Loch-Golfplatz in der Region.

SPA
700 m².

INTERNET
WLAN kostenlos.

ZAHLUNGSMÖGLICHKEITEN
American Express, Visa, Diners, Eurocard, JCB, Maestro, Postfinance, EC.

FERIENHOTELS

BACKSTAGE HOTEL ZERMATT ★★★★
DZ/F CHF 250.– bis 580.–

3920 Zermatt
Telefon +41 27 966 69 70
www.backstagehotel.ch

RANG 29 **NEU**

GASTGEBER
Evelyne und Heinz Julen

HOTEL
Typisch Heinz Julen! Zum 20-Jahr-Jubiläum der Vernissage Lounge machte der kreative Querdenker aus seinem Elternhaus ein kleines Designhotel im exklusiven Look aus Holz, Stahl, Glas und edlen Stoffen. Highlights sind die sechs Club-Lofts, regelrechte Kunstwerke mit einem fantastischen Lichtkonzept. Neu verfügt das Hotel auch über ein Luxuschalet auf 5-Stern-Niveau – mit fünf Doppelschlafzimmern, eigenem Kino und einem ausfahrbaren Whirlpool für sechs Personen auf dem Dach. Bekocht werden die Chaletgäste abends exklusiv von Starkoch Ivo Adam. Ab kommendem Winter wird dem Hotel noch eine Loft für zwölf Personen angegliedert.

RESTAURANTS
1, ausgezeichnet von GaultMillau, 1 Michelin-Stern.

FREIZEITANGEBOT
Themenwellness zur Schöpfungsgeschichte, Kunstgalerie, Café du Théâtre, Kino, Heinz-Julen-Shop.

SPA
400 m², Themenwellness.

INTERNET
WLAN kostenlos.

ZAHLUNGSMÖGLICHKEITEN
Maestro, Mastercard, Visa, Postcard.

FERIENHOTELS

HOTEL GUARDA GOLF ★★★★★
DZ/F CHF 750.– bis 1500.–

3963 Crans-Montana
Telefon +41 27 486 20 00
www.hotelguardagolf.com

RANG 30

VORJAHR RANG 24

GASTGEBERIN
Nati Felli

HOTEL
Das Guarda Golf mit seinen 25 gemütlich-luxuriösen Zimmern ist ein interessanter Mix aus Alpinchic mit südamerikanischen Elementen, schliesslich ist Besitzerin Nati Felli Brasilianerin. 60 Millionen Franken kostete das Hotel, das sie vor vier Jahren zusammen mit ihrem Mann eröffnete. Zur Finanzierung wurden zusätzliche Chalets verkauft. Das Haus liegt direkt neben dem von Jack Nicklaus konzipierten Golfplatz und ist nur fünf Gehminuten vom Ortskern Crans entfernt. In relativ kurzer Zeit hat sich das Guarda Golf einen erstklassigen Namen verschafft und zählt bereits auf viele Stammgäste, darunter natürlich viele Golfer.

RESTAURANTS
2, ausgezeichnet von GaultMillau.

FREIZEITANGEBOT
Alle Sommer- und Wintersportmöglichkeiten, Indoor-Golfanlage, Golf- und Skiservice, 18- und 9-Loch-Golfplatz in unmittelbarer Nähe.

SPA
Exklusiver Wellnessbereich auf über 600 m².

INTERNET
WLAN kostenlos.

ZAHLUNGSMÖGLICHKEITEN
Alle Karten ausser Postcard.

FERIENHOTELS

IN LAIN HOTEL
CADONAU ★★★★˜

DZ/F CHF 360.– bis 910.–

7527 Brail
Telefon +41 81 851 20 00
www.inlain.ch

RANG 31   **NEU**

GASTGEBER
Tamara und Dario Cadonau

HOTEL
Brail – abgesehen von ein paar Naturliebhabern und Wandervögeln war dieser Flecken bei Zernez im Unterengadin lange Zeit kaum jemandem ein Begriff. Das hat sich gründlich geändert, seit die Familie Cadonau ihr 450 Jahre altes Engadiner Haus aufwändig renovierte. Zuständig dafür war die eigene In-Lain-Holzmanufaktur Cadonau, und die leistete glanzvolle Arbeit: Das In Lain ist ein einziger Traum aus Arvenholz, verbunden mit einer herzlichen Gastfreundschaft. Ob vor dem lodernden Kaminfeuer, in der neuen Gartensauna oder in den fabelhaften Restaurants: Man ist begeistert von diesem Hotel, das zu den schönsten Perlen des Engadins zählt.

RESTAURANTS
3, ausgezeichnet von GaultMillau, Restaurant Vivanda mit 1 Michelin-Stern.

FREIZEITANGEBOT
Wandern im nahe gelegenen Nationalpark, Besuch des Nationalpark-Hauses, Biken, Velofahren, Nordic-Walking, Fischen im nahe gelegenen Inn, Skifahren, Schneeschuhtouren, Winterwandern, Langlauf direkt beim Hotel.

SPA
Bio-Schwimmteich, Badebottich für heisse Arvenbäder, wunderschöne Aussichts-Sauna im Garten.

INTERNET
WLAN kostenlos.

ZAHLUNGSMÖGLICHKEITEN
Alle gängigen Kreditkarten.

RELAIS & CHATEAUX

FERIENHOTELS

HOTEL ALEX ****˜
DZ/F CHF 270.– bis 1200.–

3920 Zermatt
Telefon +41 27 966 70 70
www.hotelalexzermatt.com

RANG 32

VORJAHR RANG 30

GASTGEBER
Familien Perren und Hürlimann

HOTEL
Das Alex ist ein Dauerbrenner im Hotelrating Schweiz. Hinter der Fassade des luxuriösen Bergchalets verbirgt sich eine spannende und originelle Erlebniswelt, die immer wieder fasziniert. Wertvolle Gemälde des Matterhorns, handgedrechselte Möbel, Holzschnitzereien und einiges mehr fügen sich zu einem reizvollen Gesamtkunstwerk zusammen. Die Besitzerfamilien führen das gemütliche Haus äusserst engagiert und investieren laufend in die Infrastruktur. Ein Renner ist die Alex Lounge Bar mit einer eindrucksvollen Auswahl an Whisky und Zigarren. Ebenso toll ist die Sommerterrasse, auf der regelmässig junge Talente ihren Auftritt haben.

RESTAURANTS
2, ausgezeichnet von Guide Bleu und Gault-Millau.

FREIZEITANGEBOT
Alle Sommer- und Wintersportmöglichkeiten. Tennishalle, Squash-Court, 9-Loch-Golfplatz in der Region.

SPA
Exklusiver Wellnessbereich auf 1700 m².

INTERNET
WLAN kostenlos.

ZAHLUNGSMÖGLICHKEITEN
American Express, Visa, Mastercard, Maestro und JCB.

FERIENHOTELS

HOTEL WALDHAUS AM SEE ★★★˜

DZ/F CHF 220.– bis 420.–

7500 St. Moritz
Telefon +41 81 836 60 00
www.waldhaus-am-see.ch

RANG 33
VORJAHR RANG 28

GASTGEBER
Claudio und Sandro Bernasconi

HOTEL
Das Waldhaus ist seit Jahren das beste Dreistern-Ferienhotel in den Schweizer Alpen. Denn hier ist alles verrückter als anderswo. Die Weinkarte zählt zu den schönsten weltweit, die Whiskybar ist gemäss Guinnessbuch der Rekorde die grösste der Welt und im sagenhaften Musik-Weinkeller lagern 35 000 Tonträger. Eliette von Karajan und Roger Moore tauchen hier regelmässig auf. An der Front des Kulthotels, das ein Facelifting für zwei Millionen Franken erhält, steht jetzt Sandro Bernasconi. Unterstützung erhält er aus dem Hintergrund weiterhin von Vater Claudio, der seit Jahrzehnten zum engsten Kreis der kreativsten Schweizer Hoteliers zählt.

RESTAURANTS
1, ausgezeichnet von Guide Bleu.

FREIZEITANGEBOT
Alle Sommer- und Wintersportmöglichkeiten, Velos kostenlos, Elektrofahrräder zu Vorzugspreisen, hoteleigener Wander-Veloführer, 18-Loch-Golfplatz in Samedan.

SPA
Klein und fein auf 90 m².

INTERNET
WLAN kostenlos.

ZAHLUNGSMÖGLICHKEITEN
Alle gängigen Kreditkarten.

HOTEL PARADIES *****
DZ/F ab CHF 390.–

7551 Ftan
Telefon +41 81 861 08 08
www.paradieshotel.ch

RANG 34
VORJAHR RANG 25

GASTGEBERIN
Meike Bambach

HOTEL
Das Haus Paradies liegt auf einer der schönsten Sonnenterrassen des Unterengadins und gehört nach zahlreichen Umbauten wieder zu den besten Hotels Graubündens. Die Inneneinrichtung wird dominiert von wunderschönen Stoffen, antiken Möbeln und modernen Designelementen. Dass der deutsche Eigentümer Horst Rahe ein Kunst- und Kulturliebhaber ist, wird rasch klar. Die Sammlung von Graubündner Kunst ist beeindruckend, die wunderschönen Gemälde und Skulpturen ebenso. Dazu kommt eine historische Bibliothek, die zu den grössten privaten Sammlungen der Schweiz zählt. Ein Hotel für Natur- und Kunstliebhaber.

RESTAURANTS
3, ausgezeichnet von Guide Bleu und Gault-Millau, L'Autezza mit 1 Michelin-Stern.

FREIZEITANGEBOT
Verschiedene Sommer- und Wintersportmöglichkeiten.

SPA
Klein und fein auf 400 m².

INTERNET
WLAN kostenlos.

ZAHLUNGSMÖGLICHKEITEN
Alle gängigen Kreditkarten.

RELAIS & CHATEAUX

FERIENHOTELS

BEAUSITE PARK HOTEL ****ᵂ
DZ/F CHF 280.– bis 420.–

3823 Wengen
Telefon +41 33 856 51 61
www.parkwengen.ch

RANG 35 NEU

GASTGEBER
Denise Mani und Daniel Schüpfer

HOTEL
Nach kurzen Unterbrüchen hat es Wengens führendes 4-Stern-Hotel wieder unter die besten Ferienhotels im Land geschafft. Grund: Unser Tester war bei seinem jüngsten Besuch überaus angetan vom charmanten Kleinod, das die Besitzer Erich und Margrit Leemann über die Jahre hinweg geschaffen haben. Obwohl man nie die grosse Werbetrommel rührte, gelang es dem Beausite, sich eine äusserst treue Stammkundschaft aufzubauen. Vorbildlich geregelt wurde auch die Nachfolge: Die andernorts erfolgreich tätigen Söhne übernehmen die Aktien und haben mit Daniel Schüpfer und Denise Mani zwei kompetente Gastgeber engagiert.

RESTAURANTS
1

FREIZEITANGEBOT
Wandern, Ski- und Snowboardfahren, Tennis, Minigolf, Klettern, Paragliding, River Rafting, Canyoning, Schneeschuhlaufen, Schlitteln, Bungy Jumping, Mountainbike, Hochgebirgstouren.

SPA
Mit neu renoviertem Hallenbad, Whirlpool, Jacuzzi, Sauna, Tepidarium und Bio-Schwimmteich.

INTERNET
WLAN kostenlos.

ZAHLUNGSMÖGLICHKEITEN
Alle gängigen Kreditkarten.

FERIENHOTELS

WALTHER ****˚
DZ/F CHF 320.– bis 730.–

7504 Pontresina
Telefon +41 81 839 36 36
www.hotelwalther.ch

RANG 36 NEU

GASTGEBER
Hans-Jörg Walther

HOTEL
Das über 100 Jahre alte Gebäude im klassischen Stil wird seit über 50 Jahren von der Vollblut-Hotelierfamilie Walther geführt, die ihre treue Stammkundschaft nach allen Regeln der Kunst verwöhnt. Sehr zu schätzen wissen dies auch auffallend viele Promis, die ihre Ferien zwar gerne im Oberengadin verbringen, aber möglichst in Ruhe gelassen werden möchten. Die Besitzerfamilie investiert konstant ins schmucke Haus. Zuletzt wurde der Barbereich in der Lounge neu gestaltet. Erstaunlich im Zeitalter von Web und Social Media: Die hauseigene Papeterie, von der Zürcher Papierkünstlerin Naomi Baldauf realisiert, ist ein Renner.

RESTAURANTS
1, ausgezeichnet von Guide Bleu und Gault-Millau.

FREIZEITANGEBOT
Sommer: Wanderbegleitung, Tennisplätze, Mountainbike. Winter: alle Wintersportarten.

SPA
700 m^2.

INTERNET
WLAN kostenlos.

ZAHLUNGSMÖGLICHKEITEN
Alle Karten ausser Diners.

RELAIS & CHATEAUX

FERIENHOTELS

ROMANTIK HOTEL JULEN ****˜

DZ/F CHF 135.– bis 870.–

3920 Zermatt
Telefon +41 27 966 76 00
www.julen.ch

RANG 37   **NEU**

GASTGEBER
Familie Julen

HOTEL
Gegründet wurde das Chalethotel 1937 vom Bauernbub Meinrad Julen, der zu einem begeisterten Gastgeber (und ausgezeichneten Geschäftsmann) wurde und rasch zusätzliche Aktivitäten entwickelte. Des Gründers Leidenschaft für Hotellerie und Gastronomie zeichnet auch die dritte Generation aus. Heute leiten Paul und Daniela Julen gemeinsam mit Sohn und Schwiegertochter das schmucke, heimelige Hotel und die dazugehörenden Betriebe. Dazu zählen das Schwesterhotel Daniela, das Restaurant Stafelalp, eine Skibar sowie ein Nightclub. Paul Julens grosser Stolz freilich sind die 300 traditionellen Walliser Schwarznasenschafe.

RESTAURANTS
2

FREIZEITANGEBOT
Wandern und Skifahren in Zermatt. Besuch bei den Schwarznasenschafen (kostenlos für Hotelgäste).

SPA
300 m^2 mit grossem Schwimmbad, Sauna und Dampfbad.

INTERNET
WLAN kostenlos.

ZAHLUNGSMÖGLICHKEITEN
Alle gängigen Kreditkarten.

FERIENHOTELS

GIARDINO LAGO
DZ / F CHF 330.– bis 400.–

6648 Minusio
Telefon +41 91 786 95 95
www.giardino-lago.ch

RANG 38 NEU

GASTGEBER
Richard Eyer

HOTEL
Das Giardino Lago ist neben dem Stammhaus in Ascona und dem Giardino Mountain in St. Moritz-Champfèr der dritte Hotelbetrieb der kleinen, feinen Hotelgruppe von Teilzeitarzt Daniel Borer. Das Boutique-Hotel direkt am See wurde eröffnet mit dem Anspruch, der In-Place fürs Life- und Beachstyle-Publikum zu werden. Heute, knapp drei Jahre später, ist das Ziel erreicht. An schönen Tagen und Abenden läuft das Bijou mit der prächtigen Terrasse, edlen Zimmern und einer wunderschönen Suite, dass es eine Freude ist. Das (gut durchmischte) Publikum sprüht vor Lebenslust, und die Zusammenarbeit mit dem Giardino im nahen Ascona macht das Lago noch reizvoller.

RESTAURANTS
1

FREIZEITANGEBOT
Einzigartige Roof Top Lounge mit Blick auf den Lago Maggiore. Fahrräder kostenlos, Paddelsurfen und Strandliegestühle kostenlos.

SPA
Dipiù-Spa im Giardino Ascona.

INTERNET
WLAN kostenlos.

ZAHLUNGSMÖGLICHKEITEN
Maestro, American Express, Visa.

FERIENHOTELS

GRISCHA DAVOS ★★★★˘
DZ/F CHF 210.– bis 860.–

7270 Davos Platz
Telefon +41 81 414 97 97
www.hotelgrischa.ch

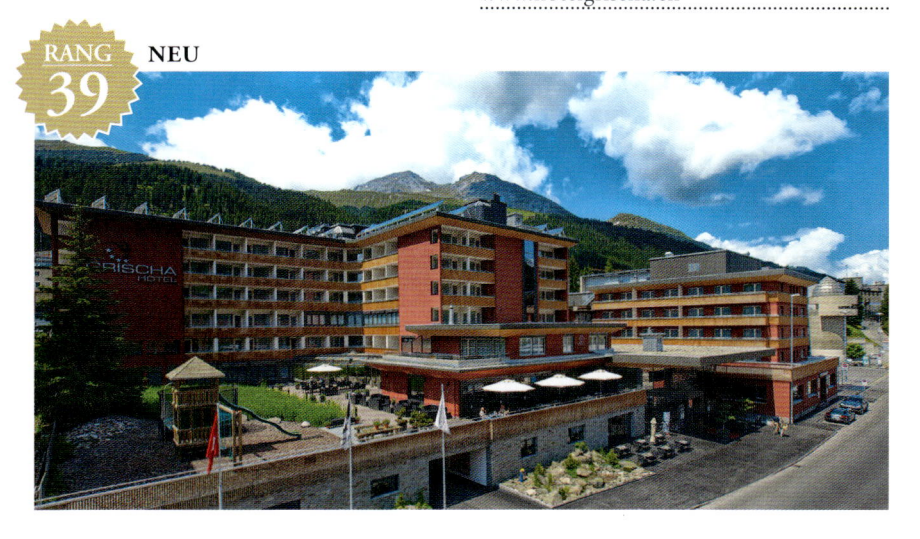

RANG 39 — NEU

GASTGEBER
Cyrill Ackermann

HOTEL
Als der wirblige holländische Besitzer vor drei Jahren das Grischa (früher Bahnhof-Terminus) eröffnete, versprach er Davos etwas vollmundig ein Hotelkonzept, das für die Alpenstadt einzigartig sei. Worin diese Exklusivität bestehen soll, ist bis heute nicht ganz klar, doch das Haus kann zumindest den besten Davoser 4-Stern-Hotels zugerechnet werden. Bemerkenswert: Das Grischa ist ganzjährig geöffnet und verfügt über fünf Restaurants, von denen eines auch höchsten Ansprüchen genügt. Weniger überzeugend ist, dass für das Fehlen einer auch nur kleinen Wellnessanlage ökologische Gründe vorgeschoben werden.

RESTAURANTS
5, ausgezeichnet von GaultMillau.

FREIZEITANGEBOT
Alle Sommer- und Wintersportaktivitäten. 18-Loch-Golfplatz in der Nähe.

SPA
Massagen und Kosmetik.

INTERNET
WLAN kostenlos.

ZAHLUNGSMÖGLICHKEITEN
Alle Karten ausser Diners.

EIN UNVERSCHÄMTER GENUSS

VON HAND VERARBEITET

Lachsrückenfilet
Meerrettich-Mousse
Dyhrberg und Bouvier Brut
Schweizer Schaumwein

**Variationen stellen wir Ihnen
gerne individuell zusammen.
Telefon: 062 386 80 0**

RÄUCHERLACHS VON Dyhrberg

Erhältlich im guten Detailgeschäft, in unserem Verkaufsladen in Klus-Balsthal und über www.dyhrberg.ch

FERIENHOTELS

LE GRAND CHALET ★★★★
DZ/F CHF 280.– bis 670.–

3780 Gstaad
Telefon +41 33 748 76 76
www.grandchalet.ch

RANG 40 NEU

GASTGEBER
Pedro Ferreira und Stève Willié

HOTEL
Aus dem Tagesgeschäft hat er sich längst zurückgezogen, doch Le Grand Chalet auf der schönsten Sonnenterrasse über Gstaad bleibt das grandiose Lebenswerk von Franz Rosskogler. Mit einem Einsatz sondergleichen machte er das Chalet zu einem herausragenden Ferienhotel. Leider wurden die interessanten Ausbaupläne immer wieder durch Einsprachen gebodigt. So konnte sich das Hotel kaum weiter entwickeln. Schön renoviert wurden jüngst immerhin die Zimmer. Und die extrem vielen Stammgäste bleiben dem Hotel mit dem atemberaubenden Weinkeller und dem berühmten Restaurant sowieso treu. Sie lieben ihr Chalet so, wie es ist.

RESTAURANTS
1, ausgezeichnet von Guide Bleu und Gault-Millau.

FREIZEITANGEBOT
Sämtliche Sommer- und Wintersportaktivitäten. 18-Loch-Golfplatz in der Nähe.

SPA
Sauna, Dampfbad und Aussenbad (Sommer).

INTERNET
WLAN kostenlos.

ZAHLUNGSMÖGLICHKEITEN
Alle gängigen Kreditkarten.

DIE 35 BESTEN NICE-PRICE-FERIEN-HOTELS

NICE-PRICE-FERIENHOTELS

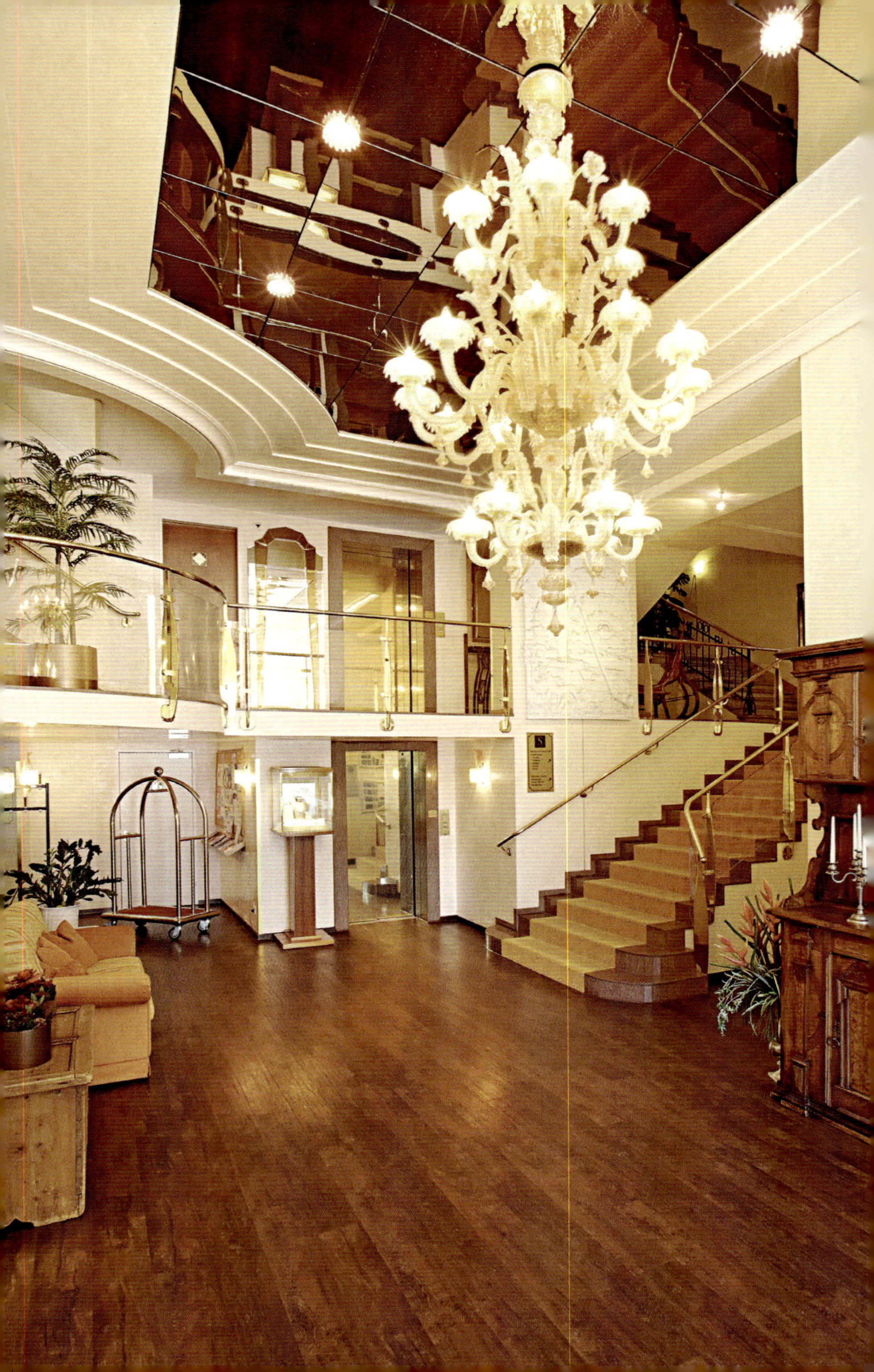

NICE-PRICE-FERIENHOTELS

HOTEL SEEHOF DAVOS ★★★★˜
DZ/F CHF 230.– bis 770.–

7260 Davos Dorf
Telefon +41 81 417 94 44
www.seehofdavos.ch

RANG 1 — VORJAHR RANG 3

GASTGEBER
Jean-Pierre Galey

HOTEL
Jahrelang lebte der ehrwürdige Seehof direkt an der Talstation der Parsennbahn mehrheitlich von der Tradition. Doch seit die Brüder Alexander und Thomas Götz das Haus vor drei Jahren kauften, ist alles anders geworden: 15 Millionen Franken investierten sie in drei Etappen, zuletzt in einen prächtigen Wellnessbereich. Die Gäste, darunter WEF-Stammgast Bill Gates, sind begeistert. Und weil auch die Software in diesem sympathischen Haus mit der stimmungsvollen Lobby und den gemütlichen Arvenzimmern stimmt, gelang dem Seehof erstmals der Sprung an die Spitze der besten Nice-Price-Ferienhotels. Der kreative Gastgeber Jean-Pierre Galey wird alles daran setzen, dass das lange so bleibt.

RESTAURANTS
3, ausgezeichnet von Guide Bleu und Gault-Millau. Amrein's Seehofstübli mit 1 Michelin-Stern.

FREIZEITANGEBOT
Alle Sommer- und Wintersportmöglichkeiten, Skishop mit Skiverleih, 18-Loch-Golfplatz in der Nähe. Der Seehof positioniert sich als Wander-, Ski-, Wellness- und Gourmethotel und bietet attraktive Arrangements an.

SPA
Neuerbautes Wellnessparadies auf 450 m².

INTERNET
WLAN kostenlos.

ZAHLUNGSMÖGLICHKEITEN
Visa, American Express, Diners, Mastercard, Postcard, EC.

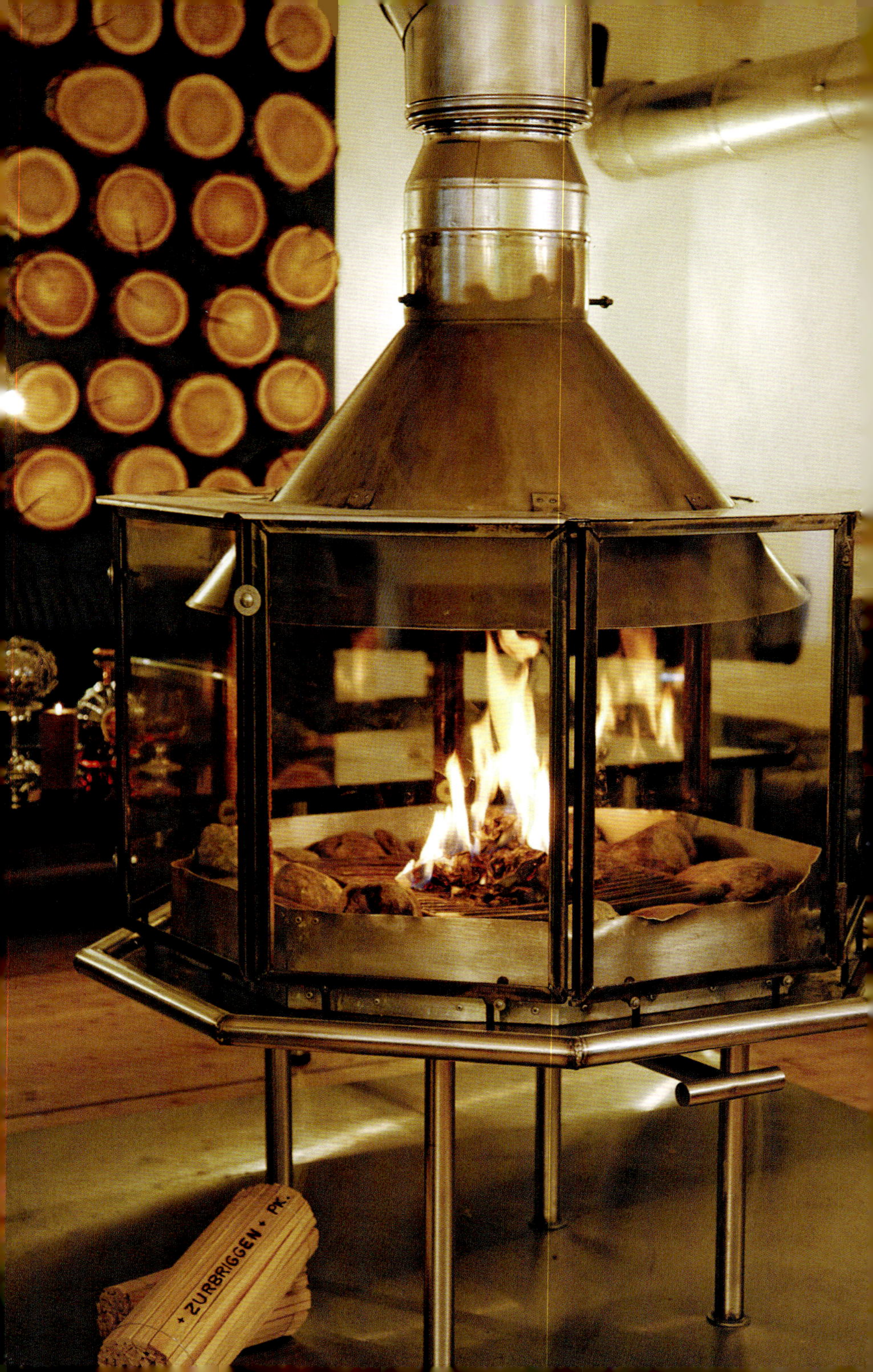
ZURBRIGGEN
PK.

NICE-PRICE-FERIENHOTELS

WELLNESS & SPA
PIRMIN ZURBRIGGEN ****~

DZ/F CHF 240.– bis 295.–

3905 Saas-Almagell
Telefon +41 27 957 23 01
www.wellnesshotel-zurbriggen.ch

RANG 2
VORJAHR RANG 1

GASTGEBER
Esther und Fabian Zurbriggen

HOTEL
Das nach vier Jahren knapp von der Spitze verdrängte Wellnesshotel mit dem berühmten Namen ist gewiss nicht schlechter geworden. Ganz im Gegenteil. Auch im vergangenen Winter schrieb man wieder Rekordzahlen, und der Sommer sieht vielversprechend aus. Wie immer wird auch wieder kräftig investiert. Nachdem zuletzt die Bar, der Aufenthaltsraum und der Speisesaal vergrössert und die Zimmer mit modernster Technik bestückt wurden, erhält das Hotel jetzt einen grossen Aussen-Whirlpool für zehn Personen sowie ein Innen-Solebad. Und liesse sich die Gastfreundschaft messen, stünde das Pirmin Zurbriggen wohl ganz oben im Wallis.

RESTAURANTS
1

FREIZEITANGEBOT
Alle Sommer- und Wintersportmöglichkeiten, Klettern, Tennisplätze neben dem Haus, Billard, Tischtennis, Minigolf, Eisbahn und Eisstockschiessen. Die Bergbahnen befinden sich direkt neben dem Hotel. Im Hotel: Bowlingbahn, grosser Spielraum mit Billard, Tischfussball, Airhockey, Darth usw.

SPA
Exklusiver Wellnessbereich auf 1100 m².

INTERNET
WLAN kostenlos.

ZAHLUNGSMÖGLICHKEITEN
Alle gängigen Kreditkarten.

HOTEL ❄ POST

NICE-PRICE-FERIENHOTELS

UNIQUE HOTEL POST ★★★★˜
DZ/F CHF 250.– bis 680.–

3920 Zermatt
Telefon +41 27 967 19 31
www.hotelpost.ch

RANG 3 — VORJAHR RANG 4

GASTGEBER
Daniela und Martin Perren

HOTEL
Das trendige Boutique- und Lifestylehotel im Herzen von Zermatt verzeichnet seit der Totalsanierung und Erweiterung von 2007 einen stetigen Zuwachs an Logiernächten. Die hochwertigen Designzimmer sind im heimelig-modernen Mountain-Lodge-Stil, aber fernab von jeglichem Kitsch gestaltet. Gelungen ist auch der Mix von Tradition und Modernität: Hundertjährige Bruchsteinmauern, Balken und Holzelemente wurden sorgfältig aufgearbeitet und harmonieren ausgezeichnet mit dem gradlinigen, modernen Design. Die Post ist das ideale Hotel für anspruchsvolle kosmopolitische Gäste, die ein authentisches Erlebnishotel suchen.

RESTAURANTS
3, ausgezeichnet von Guide Bleu und Gault-Millau.

FREIZEITANGEBOT
Alle Sommer- und Wintersportmöglichkeiten, 9-Loch-Golfplatz in der Nähe, zahlreiche Events in den verschiedenen Clubs und Bars, die zu den beliebtesten in Zermatt zählen.

SPA
Klein und fein auf 100 m².

INTERNET
WLAN kostenlos, Möglichkeit zur Direktverbindung mit dem sehr effizienten Festnetz (kostenlos) in jedem Zimmer.

ZAHLUNGSMÖGLICHKEITEN
Visa, Eurocard, Mastercard, American Express, Postcard.

NICE-PRICE-FERIENHOTELS

ART HOTEL RIPOSO ★★★˜
DZ / F CHF 180.– bis 350.–

6612 Ascona
Telefon +41 91 791 31 64
www.hotelriposo.ch

RANG 4
VORJAHR RANG 5

GASTGEBER
Familie Studer

HOTEL
Die Panorama-Dachterrasse mit dem Pool bietet einen spektakulären Blick über die Dächer von Ascona. Kunst und Design sind omnipräsent, und im romantischen Innenhof geht am Samstag zur Apérozeit die Post ab, wenn die Besitzerfamilie Studer zu den traditionellen Jazz- und Blueskonzerten aufspielt. Es gibt nicht viele Hotels mit drei Sternen, von denen sich so leicht schwärmen lässt wie vom Riposo. Nach über vier Jahrzehnten sind Ruedi und Irene Studer in den Hintergrund getreten. An der Front steht jetzt die nächste Generation mit Lorenzo und Olivia, einer genialen Jazz- und Bluessängerin. Das Riposo bleibt somit das, was es immer war – ein Ferientraum.

RESTAURANTS
1, natürliche regionale und mediterrane Küche.

FREIZEITANGEBOT
Spielzimmer, Bibliothek, Wassersport, Wandern, Radfahren, Reiten, Minigolf, 18- Loch-Golfplatz in der Nähe. Jazz- und Blueskonzert am Samstag zur Apérozeit.

INTERNET
WLAN im öffentlichen Bereich kostenlos.

ZAHLUNGSMÖGLICHKEITEN
Visa, Mastercard, Postcard, EC.

NICE-PRICE-FERIENHOTELS

WALDHOTEL NATIONAL AROSA ★★★★ˢᵐ
DZ/F CHF 280.– bis 570.–

7050 Arosa
Telefon +41 81 378 55 55
www.waldhotel.ch

RANG 5

VORJAHR RANG 2

GASTGEBER
Christian Zinn

HOTEL
Das Waldhotel National, Ende des 19. Jahrhunderts erbaut, war schon so ziemlich alles. Kurhaus, Sanatorium für Lungenkranke, Militärbasishospital und einiges mehr. 1992 übernahm der einheimische Hotelier Andy Abplanalp die Mehrheit. Seither wurde das Hotel mit Millionenbeträgen ständig modernisiert und erweitert. Neues Prunkstück ist der vor zwei Jahren erbaute Wellnessbereich Spa Salus, der von den Gästen mit Begeisterung aufgenommen wurde. Einen Wechsel gab es im Frühling in der Direktion: Christian Zinn kam für Steffen Volk, der das Waldhotel viele Jahre lang erfolgreich führte und massgeblich prägte.

RESTAURANTS
2 (im Winter 3), ausgezeichnet von Guide Bleu und GaultMillau.

FREIZEITANGEBOT
Alle Sommer- und Wintersportmöglichkeiten, Skipistenanschluss direkt vor dem Hotel, Gratisverleih von Nordic-Walking-Stöcken, hauseigener Ski- und Sportshop, Livemusik in der Bar, Arosa Card im Sommer (gratis Bergbahnen, Bus, Bootsverleih, Driving Range, Seilpark usw.).

SPA
Exklusiver Wellnessbereich auf 1100 m².

INTERNET
WLAN in der Alpin Lounge und im Seminarzentrum kostenlos, in den Zimmern gegen kleinen Aufpreis.

ZAHLUNGSMÖGLICHKEITEN
American Express, Visa, Master/Eurocard, Diners, EC.

PRIVATE SELECTION HOTELS

NICE-PRICE-FERIENHOTELS

ROMANTIK HOTEL HORNBERG ★★★★˚
DZ / F CHF 250.– bis 390.–

3777 Saanenmöser-Gstaad
Telefon +41 33 748 66 88
www.hotel-hornberg.ch

RANG 6

VORJAHR RANG 7

GASTGEBER
Brigitte und Christian Hoefliger-von Siebenthal

HOTEL
Ein Familienbetrieb wie aus dem Bilderbuch: Seit über zehn Jahren führen Brigitte und Christian Hoefliger das schmucke Chalethotel in dritter Generation. Sie tun es nicht bloss mit viel Freude und Engagement, sondern auch mit viel Erfolg. Gegen zehn Millionen Franken konnten sie in dieser Zeit (aus selbst erwirtschafteten Mitteln) ins Haus investieren. Vor einem Jahr kamen nochmals drei Millionen dazu. Die Gäste – darunter viele eingefleischte Stammgäste – wissen es zu schätzen. Mitten im weit verbreiteten Branchengejammer erfreut sich das Hotel einer Auslastung, von der manche Betriebe bloss träumen.

RESTAURANTS
1, ausgezeichnet von Guide Bleu und Gault-Millau.

FREIZEITANGEBOT
Alle Sommer- und Wintersportmöglichkeiten, 18-Loch-Golfplatz in unmittelbarer Nähe.

SPA
Über 400 m² mit herrlichem Blick in den Hotelgarten.

INTERNET
WLAN kostenlos.

ZAHLUNGSMÖGLICHKEITEN
Visa, Mastercard, EC, Postcard, Diners.

NICE-PRICE-FERIENHOTELS

HOTEL SPITZHORN ★★★˜
DZ/F CHF 180.– bis 390.–

3792 Saanen
Telefon +41 33 748 41 41
www.spitzhorn.ch

RANG 7 — NEU

GASTGEBER
Ilse und Michel Wichman

HOTEL
Das Spitzhorn ist genau das, was Gstaad im Hinblick auf einen vernünftigen Gästemix brauchte: ein 3-Stern-Hotel der Superlative – vielleicht das beste, das in den vergangenen zehn Jahren in der Schweiz eröffnet wurde. In diesem neu erbauten Chalethotel stimmt einfach alles: Architektur, Wohlfühlfaktor, Ambiente – und natürlich die Gastfreundschaft. Dafür sorgen Ilse und Michel Wichman. Die leidenschaftlichen Hotelfachleute leisteten schon in den Gstaader Tophäusern Bellevue und Grand Chalet hervorragende Arbeit und haben das Spitzhorn für 10 Jahre gepachtet. So steht das ungewöhnlich sympathische Haus vor einer grossen Zukunft.

RESTAURANTS
1

FREIZEITANGEBOT
Alle Sommer- und Wintersportmöglichkeiten. 18-Loch-Golfplatz in der Nähe. Sportshop im Hotel.

SPA
Klein und fein auf 290 m^2.

INTERNET
WLAN kostenlos.

ZAHLUNGSMÖGLICHKEITEN
Alle gängigen Kreditkarten.

NICE-PRICE-FERIENHOTELS

HOTEL CASTELL ****ˇ
DZ/F CHF 230.– bis 480.–

7524 Zuoz
Telefon +41 81 851 52 53
www.hotelcastell.ch

RANG 8
VORJAHR RANG 6

GASTGEBERIN
Ladina Tarnuzzer

HOTEL
Das Castell schrieb eines der vielen Schweizer Hotelmärchen. Es war vom Verfall bedroht, als der Zürcher Unternehmer und Kunstliebhaber Ruedi Bechtler auf den Plan trat und knapp 20 Millionen Franken in die Totalsanierung steckte. Der Engadiner Architekt Hans-Jörg Ruch gestaltete die Zimmer, Pipilotti Rist die berühmte rote Bar und im ganzen Haus trifft man auf Kunstwerke aus Bechtlers privater Sammlung. Unter den vielen Stammgästen geniesst das Castell mittlerweile Kultstatus. Die legendäre Terrasse zieht gar Stars und Sternchen aus dem nahen St. Moritz an. Zu hoffen ist, dass in Direktion und Küche bald wieder Kontinuität eintritt.

RESTAURANTS
2

FREIZEITANGEBOT
Alle Sommer- und Wintersportmöglichkeiten, hochkarätige Kunstsammlung inkl. Führungen, kulturelle Events, Art Shop, Kino, Bewegungscoach inkl. Touren am Eingang des Nationalparks, zwei 18-Loch-Golfplätze in unmittelbarer Nähe.

SPA
250 m² (Hamam).

INTERNET
WLAN kostenlos.

ZAHLUNGSMÖGLICHKEITEN
Alle gängigen Kreditkarten.

NICE-PRICE-FERIENHOTELS

HOTEL ALPINE LODGE
GSTAAD-SAANEN ***˘
DZ/F CHF 170.– bis 400.–

3792 Saanen-Gstaad
Telefon +41 33 748 41 51
www.alpinelodge.ch

RANG 9 VORJAHR RANG 17

GASTGEBER
Günter R. Weilguni

HOTEL
Dank dem Macher Günter Weilguni wurde die Alpine Lodge zu einem der besten 3-Stern-Hotels im Berner Oberland und zum grossen Aufsteiger in der Nice-Price-Kategorie. Denn die Lodge ist alles – nur nicht gewöhnlich. Im Chalet in Saanen erlebt der Gast gleich reihenweise angenehme Überraschungen. Design und Gemütlichkeit treffen in einzigartiger Weise aufeinander, High-Tech – Computer in jedem Zimmer – wird genauso gross geschrieben wie das Eintauchen in die wunderbare Welt der Natur. Kurz: Die Alpine Lodge vereint Gegensätze mit Liebe und Pfiff. Weil das Haus den Komfort eines Viersternhotels bietet, ist das Preis-Leistungs-Verhältnis erst recht sensationell.

RESTAURANTS
1

FREIZEITANGEBOT
Alle Sommer- und Wintersportmöglichkeiten, Skiverleih und Skiservice, Spielzimmer, Billard, Tischtennis, Bibliothek, Innen- und Aussenpool, 18-Loch-Golfplatz in der Nähe.

SPA
614 m².

INTERNET
WLAN kostenlos, alle Zimmer verfügen über einen i-Mac-Computer, auf Wunsch erhält man an der Rezeption einen iPad.

ZAHLUNGSMÖGLICHKEITEN
Visa, American Express, Diners, Mastercard, Reka-Card.

NICE-PRICE-FERIENHOTELS

ROMANTIK HOTEL SCHÖNEGG ***
DZ / F CHF 250.– bis 420.–

3823 Wengen
Telefon +41 33 855 34 22
www.hotel-schoenegg.ch

RANG 10 — VORJAHR RANG 16

GASTGEBER
Philippe Allenspach

HOTEL
Ex-Weltcup-Skirennfahrer René Berthod und seine Partnerin Sina Steiner hatten das Schönegg zu einer Perle von Wengen gemacht. Als die beiden das Haus vor zwei Jahren verkauften, ging ihr grösster Wunsch in Erfüllung: Sie fanden mit dem Unternehmer Jean-Claude Dequeker, einem gebürtigen Franzosen, einen Käufer, der das Hotel genauso liebt wie sie selbst. Der neue Besitzer investierte etliche Millionen ins Facelifting des Hauses, zuletzt in die neue Gartenterrasse. Mit Philippe Allenspach fand er zudem den richtigen Direktor, der die Schönegg-Philosophie von der leidenschaftlichen Gastfreundschaft geschickt weiter entwickelt.

RESTAURANTS
1, ausgezeichnet von Guide Bleu und Gault-Millau.

FREIZEITANGEBOT
Alle Sommer- und Wintersportmöglichkeiten.

SPA
Sauna.

INTERNET
WLAN kostenlos.

ZAHLUNGSMÖGLICHKEITEN
Visa, American Express, Diners, Mastercard.

NICE-PRICE-FERIENHOTELS

ROMANTIK BOUTIQUE HOTEL GUARDAVAL ****
DZ/F CHF 230.– bis 460.–

7550 Scuol
Telefon +41 81 861 09 09
www.guardaval-scuol.ch

RANG 11
VORJAHR RANG 8

GASTGEBER
Jürgen Walch

HOTEL
Vor sechs Jahren stand das Guardaval zum Verkauf. Es war eine heruntergewirtschaftete Herberge gegenüber dem Belvedere, das Kurt Baumgartner gehört, dem Hotelkönig des Unterengadins. Als Baumgartner hörte, dass im Guardaval Wohnungen entstehen sollten, griff er zu und liess die beiden Engadiner Häuser aus dem 17. und 19. Jahrhundert behutsam renovieren. Entstanden ist das Boutique Hotel Guardaval mit 36 stilvoll und individuell eingerichteten Zimmern. Arvenholz, Steinmauern, Originalmöbel, moderne Designerstücke und ein reizvoller Wellnessbereich im alten Gewölbekeller machen das 4-Stern-Haus zu einem Schmuckstück der Engadiner Hotellerie.

RESTAURANTS
1, ausgezeichnet von Guide Bleu und Gault-Millau.

FREIZEITANGEBOT
Alle Sommer- und Wintersportmöglichkeiten. Nordic Walking (geführt), betreute Halbtages-Biketouren, Wanderungen im Nationalpark (geführt), eigene Tennisplätze beim Sportzentrum Gurlaina.

SPA
150 m², das Hotel ist durch eine Passerelle mit dem 13 000 m² grossen Engadin Bad Scuol verbunden (unbeschränkter Eintritt).

INTERNET
WLAN kostenlos.

ZAHLUNGSMÖGLICHKEITEN
Visa, American Express, Mastercard, WIR.

NICE-PRICE-FERIENHOTELS

HOTEL GASTHAUS KRONE ***⃰
DZ/F CHF 240.–

7522 La Punt
Telefon +41 81 854 12 69
www.krone-la-punt.ch

RANG 12
VORJAHR RANG 12

GASTGEBER
Sonja und Andreas Martin

HOTEL
Als das reichlich heruntergekommene Gasthaus Krone vor etwas über zehn Jahren in die Hände von Spekulanten zu fallen drohte, griff der Zürcher Unternehmer Beat Curti zu. Er kaufte das 450 Jahre alte Gasthaus, liess es umfassend renovieren und holte mit Sonja und Andreas Martin zwei famose Gastgeber. Gemeinsam verwandelten sie die direkt am Inn gelegene Krone in eine Perle des Oberengadins. Hinter den uralten Mauern verbirgt sich ein faszinierender Mix aus Architektur (Hans-Jörg Ruch), Kulinarik (Andreas Martin), Kunst (private Sammlung Beat Curti) und Lifestyle. Und es wird laufend weiter investiert.

RESTAURANTS
1, ausgezeichnet von Guide Bleu und Gault-Millau.

FREIZEITANGEBOT
Alle Sommer- und Wintersportmöglichkeiten, verschiedene kulturelle und kulinarische Events, 18-Loch-Golfplatz in der Nähe.

SPA
Klein und fein auf 45 m².

INTERNET
WLAN kostenlos.

ZAHLUNGSMÖGLICHKEITEN
Visa, American Express, Mastercard, Diners, Postcard, EC.

NICE-PRICE-FERIENHOTELS

HOTEL SCHWEIZERHOF GOURMET & SPA ★★★★˜
DZ / F CHF 230.– bis 500.–

3906 Saas-Fee
Telefon +41 27 958 75 75
www.schweizerhof-saasfee.ch

RANG 13

VORJAHR RANG 10

GASTGEBER
Benita und Medy Hischier-Bumann

HOTEL
Der Schweizerhof hat sich in den vergangenen Jahren einen erstklassigen Namen gemacht als Gourmet- und Wellnesshotel für Geniesser. Stilvoll, aber dennoch wohltuend unkompliziert und von Benita und Medy Hischier mit viel Liebenswürdigkeit geführt. Dank ständigen Investitionen – zuletzt in die Zimmer und den Spabereich – zählt das Hotel heute zu den beliebtesten 4-Stern-Häusern im Wallis. Eine Novität: In den beiden neuen Wellnesssuiten kann sich der Gast in ganz privatem Rahmen verwöhnen lassen. Neu gibt es im Schweizerhof auch eine Alpen-Weinakademie. Dazu kommen verschiedene attraktive Events.

RESTAURANTS
2, ausgezeichnet von Guide Bleu und Gault-Millau.

FREIZEITANGEBOT
Alle Sommer- und Wintersportmöglichkeiten. Tischtennis, Minigolf, 9-Loch-Golfplatz in der Region.

SPA
1000 m², auf drei Etagen mit eigenem Lift.

INTERNET
WLAN kostenlos.

ZAHLUNGSMÖGLICHKEITEN
Visa, American Express, Eurocard, Maestro, Postcard.

NICE-PRICE-FERIENHOTELS

SPORTHOTEL VALSANA ★★★★˜
DZ/F CHF 400.– bis 670.–

7050 Arosa
Telefon +41 81 378 63 63
www.valsana.ch

RANG 14
VORJAHR RANG 9

GASTGEBER
Andrea und Daniel Durrer-Fässler

HOTEL
Nach einer erfolgreichen Wintersaison tut sich was im sportlichsten Sporthotel der Schweiz. Karl-Heinz Kipp, zu dessen kleiner, feiner Hotelgruppe auch das Valsana gehört, plant eine bessere Nutzung des grossen Valsana-Geländes. Das Hotel wird auf jeden Fall als solches weiterbestehen, daneben wird aber auch die Einbindung von Wohnungen und Geschäften geprüft. Auch Arztpraxen und ein Therapiezentrum sind denkbar. Ein derzeit laufender Architekturwettbewerb soll mehr Klarheit schaffen und die Pläne konkretisieren. Im kommenden Sommer bleibt das Valsana deshalb geschlossen und wird erst im Winter 2014/15 wieder eröffnet.

RESTAURANTS
3

FREIZEITANGEBOT
Grosser Hotelgarten mit Tennisplätzen, Beachvolleyballfeld, Putting Green und moderner Tennishalle. Breites Angebot an Aktivitäten wie Tennis-Schnupperkurse, Biketouren, Nordic Walking, Ski-, Langlauf- und Schneeschuhtouren. 18-Loch-Golfplatz in der Nähe.

SPA
Kleiner Wellnessbereich. Valsana-Gäste können zu Sonderkonditionen die 5000 m² grosse Bergoase (konzipiert von Mario Botta) im Schwesterhotel Tschuggen benutzen.

INTERNET
WLAN kostenlos.

ZAHLUNGSMÖGLICHKEITEN
Visa, American Express, Mastercard, Diners.

NICE-PRICE-FERIENHOTELS

WALDHOTEL DAVOS ****ᵒ
DZ/F CHF 198.– bis 580.–

7270 Davos Platz
Telefon +41 81 415 15 15
www.waldhotel-davos.ch

RANG 15 VORJAHR RANG 11

GASTGEBER
Bardhyl Coli

HOTEL
Im Waldhotel am Zauberberg folgt eine angenehme Überraschung der andern: atemberaubende Sicht ins Tal, frisch renovierte Zimmer, ein kleines, feines Wellnessparadies mit dem einzigen Solebad in Davos und, vor allem, eine angenehme, gastfreundliche Atmosphäre. Besitzer dieser Alpenperle ist Wolf-Eckart Freiherr von Gemmingen, von der Konkurrenz auch mal Freiherr vom Zauberberg genannt. Er studierte an der Hochschule St. Gallen Wirtschaft, weilte zum Lernen manchen Monat im familieneigenen Hotel – und investierte vor zehn Jahren rund 10 Millionen in dessen behutsame Renovation. Später kamen weitere 8,5 dazu. Und das wunderschöne Chalet Berghotel Sertig.

RESTAURANTS
2, ausgezeichnet von Guide Bleu und Gault-Millau.

FREIZEITANGEBOT
Alle Sommer- und Wintersportmöglichkeiten, Tennisplatz, Tischtennis, Billard, Bibliothek, Reiten, Minigolf, 18-Loch-Golfplatz in der Nähe. Verschiedene kulturelle und kulinarische Events.

SPA
350 m² (Solebad).

INTERNET
WLAN kostenlos.

ZAHLUNGSMÖGLICHKEITEN
Visa, American Express, Mastercard, Debit.

NICE-PRICE-FERIENHOTELS

ALPINA ★★★★
DZ/F CHF 240.– bis 492.–

7250 Klosters
Telefon +41 81 410 24 24
www.alpina-klosters.ch

RANG 16 VORJAHR RANG 14

GASTGEBER
Verena und Räto Conzett

HOTEL
Das braungebrannte Alpina zählt, auch in Sachen Gastfreundschaft, Kulinarik und der Vermittlung von allgemeinem Wohlbefinden, unverändert zu den besten 4-Stern-Häusern Graubündens. Die Besitzerfamilie Conzett steckt Jahr für Jahr stattliche Beträge in die Infrastruktur, zuletzt wurden zehn Zimmer sehr schön im Alpenstil renoviert. Demnächst ist der Umbau des Frühstücksraums geplant, im Wellnessbereich tut sich ebenfalls einiges. Das Alpina liegt ideal im Dorfzentrum gegenüber von Gotschnabahn und Bahnhof und ist ein bevorzugter Ausgangspunkt für Skifahrer, Wanderer und Biker.

RESTAURANTS
2, ausgezeichnet von Guide Bleu und Gault-Millau.

FREIZEITANGEBOT
Alle Sommer- und Wintersportmöglichkeiten, Top-Infrastruktur für Biker, 9-Loch-Golfplatz in der Nähe.

SPA
350 m².

INTERNET
WLAN kostenlos.

ZAHLUNGSMÖGLICHKEITEN
Visa, American Express, Diners, Mastercard.

PRIVATE SELECTION HOTELS
zauberhaft persönlich

NICE-PRICE-FERIENHOTELS

MISANI ★★★ˇ
DZ/F CHF 170.– bis 330.–

7505 Celerina
Telefon +41 81 839 89 89
www.hotelmisani.ch

RANG 17 — VORJAHR RANG 15

GASTGEBER
Jürg Mettler

HOTEL
Das Misani zählt nach wie vor zu den überzeugendsten Trend-, Lifestyle- und Erlebnishotels im Engadin. Erschaffer des kleinen Gesamtkunstwerks für drei Generationen ist Jürg Mettler, ein ruheloser Kreativer voller Ideen. Soeben hat er im Misani wieder 16 Zimmer umbauen und mit allerhand Extravaganzen ausstatten lassen. Zu Mettlers kleinem Hotelreich gehören auch die Perlen Lej da Staz und La Rösa. Das Lej da Staz liegt in der ungemein romantischen Gegend am Stazersee und wurde mit zusätzlichen Loungemöbeln auf der Terrasse ausgestattet. La Rösa ist ein einzigartiges Albergo in der einstigen Post- und Säumerstation an der Berninapassstrasse.

RESTAURANTS
3, ausgezeichnet von Guide Bleu und Gault-Millau.

FREIZEITANGEBOT
Alle Sommer- und Wintersportmöglichkeiten, Tennisplatz, Bibliothek, 18-Loch-Golfplatz in der Nähe.

SPA
Massagemöglichkeiten.

INTERNET
WLAN kostenlos.

ZAHLUNGSMÖGLICHKEITEN
Alle gängigen Kreditkarten.

NICE-PRICE-FERIENHOTELS

HOTEL KERNEN ★★★˜
DZ/F CHF 160.– bis 340.–

3778 Schönried-Gstaad
Telefon +41 33 748 40 20
www.hotel-kernen.ch

RANG 18
VORJAHR RANG 19

GASTGEBER
Familie Bruno Kernen

HOTEL
Ex-Skiweltcupfahrer Bruno Kernen führt das schmucke, schön renovierte Haus zusammen mit seiner Familie in dritter Generation. Und noch immer sind viele seiner einstigen Fans unter den Gästen. Immerhin gewann er vor drei Jahrzehnten in Kitzbühel die schwierigste Abfahrt der Welt. Dass Kernen auch als Hotelier Erfolg hat, ist kein Wunder. Denn in seinem Haus dominieren Gastfreundschaft, Herzlichkeit und Lebensfreude. Rustikale und moderne Elemente ergänzen sich ideal, die gemütlichen, rustikalen Zimmer bieten einen herrlichen Blick auf die Bergwelt, die Bahnen sind in wenigen Gehminuten erreichbar. Seit zwei Jahren gehört auch das Hotel des Alpes zum Kernen.

RESTAURANTS
2, ausgezeichnet von Guide Bleu.

FREIZEITANGEBOT
Alle Sommer- und Wintersportmöglichkeiten, Tennisplatz, 18-Loch-Golfplatz in der Nähe.

SPA
Gäste des Kernen können das Wellnessparadies im benachbarten Hotel Ermitage zu einem Vorzugspreis benutzen.

INTERNET
WLAN kostenlos.

ZAHLUNGSMÖGLICHKEITEN
Visa, American Express, Diners, Eurocard, JCB.

NICE-PRICE-FERIENHOTELS

**ROMANTIK HOTEL
CHESA GRISCHUNA** ★★★˝
DZ/F CHF 220.– bis 430.–

7250 Klosters
Telefon +41 81 422 22 22
www.chesagrischuna.ch

RANG 19 VORJAHR RANG 24

GASTGEBER
Barbara Rios Guler und Marianne Hunziker

HOTEL
Die Chesa Grischuna ist ein Liebhaberobjekt mit interessanter Geschichte. Erbaut wurde das Haus vor 75 Jahren vom Zürcher Stararchitekten Hermann Schneider. Ihm gelang es, handwerkliche Traditionen auf geniale Weise mit schöpferischer Gegenwartskunst zu vereinen. Nach dem Krieg besuchten Schriftsteller und bekannte Persönlichkeiten aus der Filmbranche die Chesa, darunter Greta Garbo, Gene Kelly und Anthony Perkins. Die Tradition der herzlichen Gastfreundschaft wird heute von Barbara Rios Guler und Marianne Hunziker gepflegt. Sie spielen mit grossem Erfolg die Stärken aus, die das aussergewöhnliche Haus schon immer ausgezeichnet haben: Innovation, Individualität und Qualität.

RESTAURANTS
1, ausgezeichnet von GaultMillau.

FREIZEITANGEBOT
Alle Sommer- und Wintersportmöglichkeiten, historische Kegelbahnen, Gletschertouren ins Silvrettagebiet, Paragliding, Kutschenfahrten, 9-Loch-Golfplatz in der Nähe, Konzerte und Alpfeste.

INTERNET
WLAN kostenlos.

ZAHLUNGSMÖGLICHKEITEN
Visa, American Express, Mastercard, Postcard, Maestro, EC.

NICE-PRICE-FERIENHOTELS

GRANDHOTEL
GIESSBACH ★★★★
DZ/F CHF 190.– bis 500.–

3855 Brienz
Telefon +41 33 952 25 25
www.giessbach.ch

RANG 20 VORJAHR RANG 13

GASTGEBER
Roman Codina

HOTEL
Die Anreise von Brienz per Schiff ist so eindrücklich wie damals, als sich hier Könige, Fürsten und Staatsmänner trafen. Quer über den See gehts bis zur hoteleigenen Anlegestelle und dann mit der ältesten Standseilbahn Europas hinauf zum Grandhotel. Umgeben von Bergen, Wäldern und Wiesen ist man hier in einer wunderbaren Oase der Ruhe. Verschwunden ist hingegen die Steifheit von einst. Das (nur im Sommer geöffnete) Giessbach ist ein sympathisches Grandhotel für jedermann, ein faszinierendes Haus der Gegensätze. Gastgeber Matthias Kögl hat das Haus Anfang Jahr verlassen. Sein Nachfolger Roman Codina wird sein Werk erfolgreich weiterführen.

RESTAURANTS
2

FREIZEITANGEBOT
Wandern, Radfahren, Billard, Bibliothek, Grillmöglichkeiten, Naturschwimmbad, historische Standseilbahn.

SPA
«Unsere Wellnessanlage ist der 22 Hektaren grosse Hotelpark» (Ex-Gastgeber Matthias Kögl).

INTERNET
WLAN in öffentlichen Räumen und erschlossenen Zimmern kostenlos.

ZAHLUNGSMÖGLICHKEITEN
Visa, American Express, Mastercard, Postcard, EC.

NICE-PRICE-FERIENHOTELS

DU GOLF & SPA ★★★★
DZ / F CHF 220.– bis 490.–

1884 Villars-sur-Ollon
Telefon +41 24 456 38 38
www.hoteldugolf.ch

RANG 21 — **VORJAHR RANG 18**

GASTGEBER
Familie Angelini

HOTEL
Das heimelige Hotel im Zentrum von Villars besteht eigentlich aus zwei Häusern, die von Engländern erbaut und während des Zweiten Weltkrieges zusammengengelegt wurden. Geführt wird es in fünfter Generation von der Familie Angelini, die das Du Golf im Laufe der Jahre zum wohl besten und beliebtesten Viersternhotel im Ort machten. Die Zimmer wurden und werden laufend sehr geschmackvoll renoviert und bieten – ebenso wie die herrliche Terrasse – einen beeindruckenden Blick auf die Alpen. Alles in allem ein Hotel für den perfekten Feriengenuss zu fairen Preisen.

RESTAURANTS
2

FREIZEITANGEBOT
Alle Sommer- und Wintersportmöglichkeiten, Tennis, Tischtennis, Billard, Spielzimmer, 18-Loch-Golfplatz in der Nähe.

SPA
300 m².

INTERNET
WLAN kostenlos.

ZAHLUNGSMÖGLICHKEITEN
Visa, American Express, Mastercard, Maestro, Postcard, Union Pay, Reka-Card, myOne Card.

NICE-PRICE-FERIENHOTELS

ADLER ADELBODEN ★★★ˇ
DZ/F CHF 198.– bis 358.–

3715 Adelboden
Telefon +41 33 673 41 41
www.adleradelboden.ch

RANG 22 VORJAHR RANG 21

GASTGEBER
Käthi und Lothar Loretan

HOTEL
Das zentral in Nähe der Bahnen und doch ruhig gelegene Chalethotel ist eine Perle im Berner Oberländer Feriendorf, das mit herausragenden Hotels nicht eben gesegnet ist. Und der Adler wird immer schöner. Die Zimmer sind im Landhausstil mit hochwertigen Möbeln eingerichtet, die Möblierung auf den Balkonen ist ebenso neu wie das prächtige neue Soledampfbad im Spa-Bereich. Die verschiedenen kostenlosen Gästeaktivitäten wie Glühwein-Ausschank, Käsefonduehäppchen auf der Terrasse oder der Schlummerbecher mit Holdrio haben gross eingeschlagen. Alles in allem ein sehr gut geführtes Hotel, das mehr bietet als manches Haus mit einem Stern mehr.

RESTAURANTS
3

FREIZEITANGEBOT
Alle Sommer- und Wintersportmöglichkeiten, Tennisplatz, Spielzimmer, Billard, Tischtennis, kostenloser Veloverleih, Tischfussball.

SPA
460 m² inklusive Innen- und Aussenpool.

INTERNET
WLAN kostenlos.

ZAHLUNGSMÖGLICHKEITEN
Visa, American Express, Diners, Eurocard, Mastercard, EC, Postcard, Reka-Card.

NICE-PRICE-FERIENHOTELS

SPORTHOTEL PONTRESINA ★★★⁻
DZ/F CHF 210.– bis 380.–

7504 Pontresina
Telefon +41 81 838 94 00
www.sporthotel.ch

RANG 23 VORJAHR RANG 25

GASTGEBER
Nicole und Alexander Pampel

HOTEL
Für die Familie Pampel ging vor bald vier Jahren ein Traum in Erfüllung, als sie das Sporthotel von der Gemeinde Pontresina erwerben konnte. Und seit die früheren Gastgeber auch Besitzer sind, geht es mit der Grand old Lady, über die es mittlerweile auch ein Buch gibt, nur noch aufwärts. Dank dem Verkauf von 13 Wohnungen dürfte das Haus in den kommenden Jahren gar noch einmal mächtig Schub erhalten. Das vor 130 Jahren erbaute Sporthotel wird fast vollständig renoviert, erhält eine Tiefgarage und ein paar andere Annehmlichkeiten dazu. Es wird dann erst recht das sein, was es schon heute ist: ein hervorragend geführtes Erlebnishotel für Junge und Junggebliebene.

RESTAURANTS
3, Bergrestaurant auf der Alp Languard (im Sommer geöffnet, Frühstück statt im Hotel auf der Alp). Ab Winter 2014/15 neues Gartenrestaurant in einer Holzhütte (Winter Fonduespezialitäten / Sommer Holzkohlegrill).

FREIZEITANGEBOT
Alle Sommer- und Wintersportmöglichkeiten, Nordic Walking Days, 18-Loch-Golfplatz in der Nähe, ausgezeichneter Service für Sportler (Bike- und Langlaufservice).

SPA
Die Wellnessoase auf dem Dach wird auf 400 m² erweitert.

INTERNET
WLAN kostenlos.

ZAHLUNGSMÖGLICHKEITEN
Visa, American Express, Mastercard, Postcard, EC.

NICE-PRICE-FERIENHOTELS

LA COURONNE ***˜
DZ / F CHF 184.– bis 364.–

3920 Zermatt
Telefon +41 27 966 23 00
www.la-couronne.ch

RANG 24 NEU

GASTGEBER
Manfred und Florian Julen

HOTEL
Dank grossem Einsatz und mit etlichen investierten Millionen haben Florian Julen und seine Familie mit dem La Couronne ein hervorragendes 3-Stern-Superior-Haus geschaffen. Highlights sind etwa die Matterhorn-Lounge, wo sich die Bergwelt im Licht der Abendsonne in atemberaubender Schönheit präsentiert. Oder der heimelige Wintergarten, der einen nicht minder eindrücklichen Blick aufs «Höru» eröffnet. Soeben wurde der Planungs-Startschuss für 2015 abgefeuert: Vier Doppelzimmer und zwei Juniorsuiten werden komplett neu gestaltet. Durchaus vorteilhaft ist auch, dass sich im Hotelgebäude das Sportgeschäft der Familie Julen befindet.

RESTAURANTS
1

FREIZEITANGEBOT
Alle Sommer- und Wintersportmöglichkeiten. 9-Loch-Golfplatz in der Region.

SPA
60 m^2.

INTERNET
WLAN kostenlos.

ZAHLUNGSMÖGLICHKEITEN
Alle gängigen Kreditkarten.

NICE-PRICE-FERIENHOTELS

SPORTHOTEL EIENWÄLDLI ★★★˘

DZ / F CHF 200.– bis 280.–

6390 Engelberg
Telefon +41 41 637 19 49
www.eienwaeldli.ch

RANG 25 VORJAHR RANG 23

GASTGEBER
Trudy Herzog und Sepp Bünter

HOTEL
Das Eienwäldli bleibt ein Schmuckstück in Engelberg, wo Tophotels leider nach wie vor erstaunlich rar sind. Das kleine Alpenresort besteht aus einem gepflegten Hotel, einer grosszügigen Wellnessoase und einem Campingplatz. Grosser Beliebtheit erfreut es sich nicht bloss bei Familien und Campern, sondern zunehmend auch bei Golfern, die die Herausforderungen des nahen Golfkurses schätzen. Zu einem Renner ist das vor zwei Jahren eröffnete neue Restaurant im alpenländischen Stil geworden. Innert kürzester Zeit wurde es zu einem beliebten Treffpunkt für Einheimische und Gäste. Die engagierten Gastgeber Trudy Herzog und Sepp Bünter freuts.

RESTAURANTS
2

FREIZEITANGEBOT
Alle Sommer- und Wintersportmöglichkeiten, Spielzimmer, Tischtennis, Gratis-Veloverleih, Kinder-Animation im Sommer, 18-Loch-Golfplatz in unmittelbarer Nähe. Physiotherapie-Praxis.

SPA
1000 m² auf drei Etagen (Lift).

INTERNET
WLAN kostenlos.

ZAHLUNGSMÖGLICHKEITEN
Visa, Eurocard, Mastercard, Postcard, EC, edc / Maestro.

NICE-PRICE-FERIENHOTELS

PARKHOTEL GUNTEN ★★★
DZ/F CHF 205.– bis 329.–

3654 Gunten
Telefon +41 33 252 88 52
www.parkhotel-gunten.ch

RANG 26 — NEU

GASTGEBER
Philemon Zwygart

HOTEL
Das Parkhotel ist ein Geheimtipp fürs totale Ferienerlebnis. Die Lage in einer malerischen Bucht des Thunersees ist unübertrefflich, die mediterrane Parklandschaft mit Blick auf die Alpen faszinierend, die Gastfreundschaft vom Feinsten. Zum eigentlichen Renner des Hotels hat sich der rund zwei Millionen Franken teure Spabereich im ehemaligen Bootshaus entwickelt. Dass man aus der Sauna einen einmaligen Blick auf Jungfrau, Mönch und Eiger geniesst und nach dem Schwitzen direkt in den kühlenden Thunersee steigen kann, hat sich namentlich bei einem jüngeren Publikum herumgesprochen. Und nicht zuletzt: Das Preis-Leistungs-Verhältnis ist im Parkhotel der Hammer.

RESTAURANTS
1, ausgezeichnet von Guide Michelin.

FREIZEITANGEBOT
Hängebrücke in Sigriswil. Gesamtes Wassersportangebot in der Nähe, vielfältige Wander- und Ausflugsmöglichkeiten, Schifffahrt und Bergbahnen, Vermietung von Bikes, 2 Golfplätze in der Nähe.

SPA
220 m².

INTERNET
WLAN kostenlos.

ZAHLUNGSMÖGLICHKEITEN
Alle gängigen Kreditkarten.

NICE-PRICE-FERIENHOTELS

WELLNESS HOTEL RÖSSLI ★★★★
DZ/F CHF 190.– bis 320.–

6353 Weggis
Telefon +41 41 392 27 27
www.wellness-roessli.ch

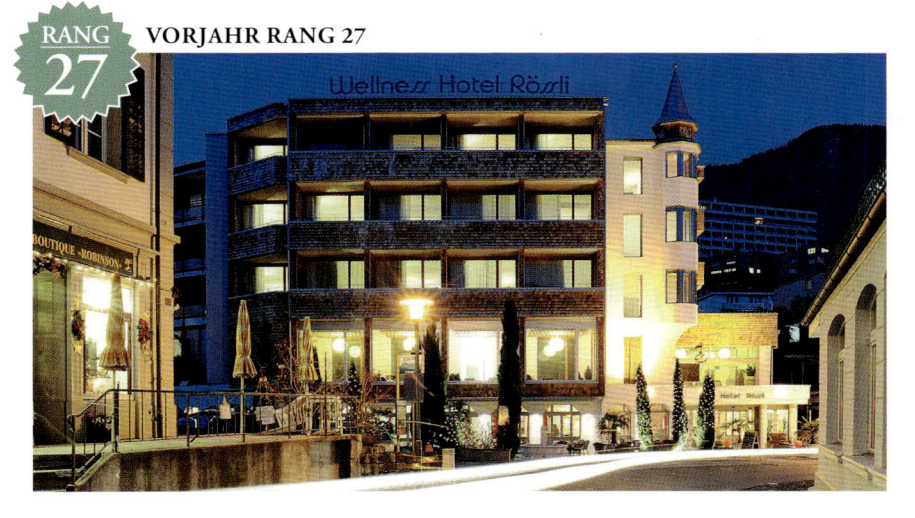

RANG 27

VORJAHR RANG 27

GASTGEBER
Marike und Josef Nölly

HOTEL
Der umtriebige Josef Nölly arbeitet wie immer unermüdlich an der Verbesserung seines Hotels und der Angebote. Belohnt wird er mit einer alljährlich steigenden Zahl von treuen (vornehmlich Schweizer) Gästen. Zuletzt wurden sämtliche Mark-Twain-Zimmer qualitativ verbessert. Zudem erhielt das Restaurant ein Facelifting und arbeitet jetzt mit Volldampf auf gastronomische Auszeichnungen hin. Das an der Promenade des Vierwaldstättersees liegende Rössli verbindet nicht nur Tradition und Komfort auf elegante Weise, sondern überzeugt auch durch Gastfreundschaft und hohe Qualitätsansprüche in allen Belangen.

RESTAURANTS
1, ausgezeichnet von Guide Bleu.

FREIZEITANGEBOT
Wandern, Radfahren, Wassersportmöglichkeiten, 18-Loch-Golfplatz in der Nähe.

SPA
Gepflegte Wellnessoase auf knapp 1000 m².

INTERNET
WLAN kostenlos.

ZAHLUNGSMÖGLICHKEITEN
Visa, American Express, Maestro, Maestro CH, Eurocard, Mastercard, Postcard.

NICE-PRICE-FERIENHOTELS

HOTEL CHESA RANDOLINA ***˘

DZ/F CHF 260.– bis 320.–

7515 Sils Baselgia
Telefon +41 81 838 54 54
www.randolina.ch

RANG 28 NEU

GASTGEBER
Tanjia und Tomas Courtin

HOTEL
Tomas und Tanjia Courtin führen die zentral und doch ruhig gelegene Chesa Randolina (Schwalbenhaus) in dritter Generation. Und sie tun es mit Bravour: Im Winter liegt die Auslastung bei gegen 90 Prozent, zwischen Anfang Juni und Ende Oktober sind es ebenfalls deutlich über 80 Prozent. Die 38 grosszügigen Zimmer sind im typischen Engadiner Stil mit Schwergewicht auf Arvenholz eingerichtet. Zum Hotel gehören auch die benachbarten Residenzen Crastella und Soliva mit acht luxuriösen Appartements für jeweils zwei Personen. Von dort ist die Aussicht auf den Silsersee geradezu umwerfend schön.

RESTAURANTS
1

FREIZEITANGEBOT
Skisport, Langlauf, Wandern, Biken, Kiten, Schwimmen, Kultur, Musik, Kulinarik, Klettern, Fischen, Segeln, Surfen, Reiten usw.

INTERNET
WLAN kostenlos.

ZAHLUNGSMÖGLICHKEITEN
Alle gängigen Karten ausser Diners.

NICE-PRICE-FERIENHOTELS

HOTEL MEISSER ***
DZ / F CHF 190.– bis 440.–

7545 Guarda
Telefon +41 81 862 21 32
www.hotel-meisser.ch

RANG 29
VORJAHR RANG 29

GASTGEBER
Maya und Benno Meisser-Aebli

HOTEL
Das aus ehemaligen Bauernhäusern entstandene Hotel mitten im historischen, malerischen Dörfchen ist einer der grossen Geheimtipps für Geniesser. Die Lage auf einer Sonnenterrasse ist ein Traum, die Gastfreundschaft der Besitzerfamilie Meisser ist unübertrefflich, die Suiten in der Chasa Pepina und die Sonnenterrasse sind es ebenfalls. Doch weil Stillstand gleichbedeutend ist mit Rückschritt, haben die Meissers wieder Gas gegeben: Sämtliche Zimmer wurden komplett erneuert, sind heller und grösser geworden. Seither erstrahlt das Meisser in neuem Glanz und wird noch mehr Gäste anziehen, die die Aura der Einzigartigkeit lieben.

RESTAURANTS
2

FREIZEITANGEBOT
Gute Sommer- und Wintersportmöglichkeiten, Billard, Tischtennis, Bibliothek, Gratis-Veloverleih.

SPA
In Planung.

INTERNET
WLAN kostenlos.

ZAHLUNGSMÖGLICHKEITEN
Visa, American Express, Mastercard.

NICE-PRICE-FERIENHOTELS

HOTEL BELLA VISTA ★★★
DZ / F CHF 175.– bis 300.–

3920 Zermatt
Telefon +41 27 966 28 10
www.bellavista-zermatt.ch

RANG 30
VORJAHR RANG 30

GASTGEBER
Familien Götzenberger-Perren und Huber

HOTEL
Das kleine, von den Familien Götzenberger-Perren und Huber in dritter Generation geführte Hotel zählt zu den Bijoux im Wallis – nicht allein wegen des atemberaubenden Blicks aufs Matterhorn. Die gemütlichen, im Chaletstil eingerichteten Zimmer wurden laufend renoviert und sind auf dem neusten Stand. Grösster Beliebtheit bei den vielen Stammgästen erfreuen sich die von den Gastgebern mit viel Geschick zubereiteten Extras wie hausgemachte Konfitüre und selbst gebackene Brötchen (der pensionierte Vater ist gelernter Konditor und hat das Backtalent vererbt). Schöne Ferien sind im Bella Vista so gut wie garantiert.

RESTAURANTS
1 (kleine Karte).

FREIZEITANGEBOT
Alle Sommer- und Wintersportmöglichkeiten, Bibliothek, Klavier, Laufband.

SPA
120 m² mit Blick aufs Matterhorn.

INTERNET
WLAN kostenlos.

ZAHLUNGSMÖGLICHKEITEN
Visa, Mastercard, Postcard, EC, Cash.

NICE-PRICE-FERIENHOTELS

HOTEL ALPBACH ★★★★
DZ/F CHF 180.– bis 220.–

3860 Meiringen
Telefon +41 33 971 18 31
www.alpbach.ch

RANG 31

VORJAHR RANG 31

GASTGEBER
Theres und Jean-Claude Gerber

HOTEL
Das beliebte Ferienhotel liegt mitten im Dorf an einer ruhigen Seitenstrasse. Obwohl man vor Jahresfrist den vierten Stern erhalten hat, wurden die alten Preise beibehalten. Die gemütlichen Zimmer verströmen alpenländischen Charme. Das im Chaletstil eingerichtete Restaurant mit stimmungsvollen Stuben ist allein schon wegen des vorbildlichen Preis-Leistungs-Verhältnisses ein Renner. Dank den stets aufgestellten, omnipräsenten Gastgebern Jean-Claude und Theres Gerber ist es zu einem beliebten Treffpunkt für Gäste und Einheimische geworden. Und nicht zuletzt für Motorradfahrer (verschiedene Anlässe).

RESTAURANTS
1, aufgeteilt in mehrere Stuben, ausgezeichnet vom Guide Bleu.

FREIZEITANGEBOT
Zahlreiche Sommer- und Wintersportmöglichkeiten.

SPA
Klein und fein auf 65 m².

INTERNET
WLAN kostenlos.

ZAHLUNGSMÖGLICHKEITEN
Visa, Eurocard, Maestro, Postcard, WIR.

NICE-PRICE-FERIENHOTELS

HOTEL DES ALPES ***
DZ/F CHF 114.– bis 170.–

7563 Samnaun-Dorf
Telefon +41 81 868 52 73
www.hotel-desalpes-samnaun.ch

RANG 32

VORJAHR RANG 32

GASTGEBER
Patrick Heis

HOTEL
Das vor etwas mehr als 40 Jahren erbaute Des Alpes wurde von der einheimischen Besitzerfamilie Heis ständig weiterentwickelt. Wichtigster Meilenstein war der Neubau des Appartementhauses Lärchenhof zu Beginn der 90er-Jahre. Zehn Jahre später kam die Wellnessanlage dazu, die regen Zuspruch bei den Gästen findet. Und bereits wälzt man wieder Pläne. Im Herbst werden die Zimmer im ersten Stock umgebaut. Auch das vierte Stockwerk soll ausgebaut und erneuert werden. Zudem steht die Sanierung und Renovation von Restaurant und Hotelbar an. Dazu gibt es eine offene Frühstücksküche und einen neuen Empfangs- und Rezeptionsbereich.

RESTAURANTS
1

FREIZEITANGEBOT
Zahlreiche Sommer- und Wintersportmöglichkeiten, eigener Duty free Shop im Haus.

SPA
Schöne Wellnessoase auf 200 m².

INTERNET
WLAN kostenlos.

ZAHLUNGSMÖGLICHKEITEN
Alle gängigen Kreditkarten.

NICE-PRICE-FERIENHOTELS

HOTEL RONCO ★★★
DZ/F CHF 200.– bis 300.–

6622 Ronco sopra Ascona
Telefon +41 91 791 52 65
www.hotel-ronco.ch

RANG 33
VORJAHR RANG 33

GASTGEBER
Guido Casparis

HOTEL
Wer Tessiner Ambiente und romantische Stimmung liebt, ist im Albergo Ronco richtig. Das von der Familie Casparis mit Hingabe geführte Hotel mit 20 individuell eingerichteten Zimmern und vier schönen Juniorsuiten geniesst einen exzellenten Namen – übrigens auch unter Gästen, die sonst eher in Häusern mit einem oder zwei Sternen mehr absteigen. Gründe dafür gibt es mehrere. Allen voran die atemberaubende Panoramalage über dem Lago Maggiore. Oder das neu gestaltete Restaurant mit der wunderschönen Gartenterrasse, von wo man ebenfalls einen überwältigenden Blick auf den See geniesst. Auch das Preis-Leistungs-Verhältnis sorgt für Freude.

RESTAURANTS
1

FREIZEITANGEBOT
Wandern, Radfahren, Wassersportmöglichkeiten, Pool, 18-Loch-Golfplatz in der Nähe.

INTERNET
WLAN kostenlos.

ZAHLUNGSMÖGLICHKEITEN
Visa, American Express, Mastercard, Maestro, Postcard.

NICE-PRICE-FERIENHOTELS

HOTEL VICTORIA ***
DZ / F CHF 175.– bis 270.–

3860 Meiringen
Telefon +41 33 972 10 45
www.victoria-meiringen.ch

RANG 34 NEU

GASTGEBER
Franziska und Simon Anderegg

HOTEL
Das Victoria mit seinen soeben total renovierten und neu eingerichteten Zimmern zählt zu jenen Hotels, in denen man sich von der ersten Minute an wohlfühlt. Denn in diesem modern und stilvoll eingerichteten Haus im Dorfzentrum herrschen eine herzerfrischende Gastfreundschaft und eine tolle Atmosphäre. Dafür sorgen Franziska und Simon Anderegg, die das Hotel mit vorbildlichem Engagement führen. Ihre lebensfreudigen Gäste haben den Sinn fürs gewisse Etwas. Für zeitgemässe Kunst etwa. Oder für besonders gutes Essen. Am Herd steht Simon Anderegg persönlich. Seine mehrfach ausgezeichnete Küche passt zum Hotel, das alles ist, nur nicht gewöhnlich.

RESTAURANTS
1, ausgezeichnet von GaultMillau.

FREIZEITANGEBOT
Sehr gute Sommer- und Wintersportmöglichkeiten.

SPA
Victoria-Gäste geniessen freien Zutritt ins Wellness- und Fitness-Center in Meiringen (2 Gehminuten vom Hotel entfernt).

INTERNET
WLAN kostenlos.

ZAHLUNGSMÖGLICHKEITEN
Alle gängigen Karten ausser Diners.

NICE-PRICE-FERIENHOTELS

HOTEL ALPHORN ★★★
DZ/F CHF 174.– bis 304.–

3780 Gstaad
Telefon +41 33 748 45 45
www.alphorn-gstaad.ch

RANG 35 VORJAHR RANG 34

GASTGEBER
Claudia Deplazes und Bruno Baeriswyl

HOTEL
Das charmante Hotel mit rustikalen Zimmern liegt am Dorfrand von Gstaad und hält sich dank den engagierten Gastgebern und stetigen Investitionen konstant im Rating der besten Nice-Price-Ferienhotels. Nachdem bereits im vergangenen Jahr alle Zimmer mit neuster Technik ausgestattet wurden, hat man auch jetzt wieder relativ viel Geld in die allgemeine Infrastruktur investiert. Auffällig ist die liebevolle Pflege der kleinen Details im ganzen Haus. Letztlich ist das Alphorn ein vorbildlich geführtes Mittelklassehotel mit Wohlfühleffekt. Gstaad würde ohne Weiteres ein paar mehr davon vertragen.

RESTAURANTS
1

FREIZEITANGEBOT
Alle Sommer- und Wintersportmöglichkeiten, 18-Loch-Golfplatz in der Nähe.

SPA
80 m².

INTERNET
WLAN kostenpflichtig.

ZAHLUNGSMÖGLICHKEITEN
Alle Kreditkarten ausser Diners.

DIE 25 BESTEN WELLNESSHOTELS

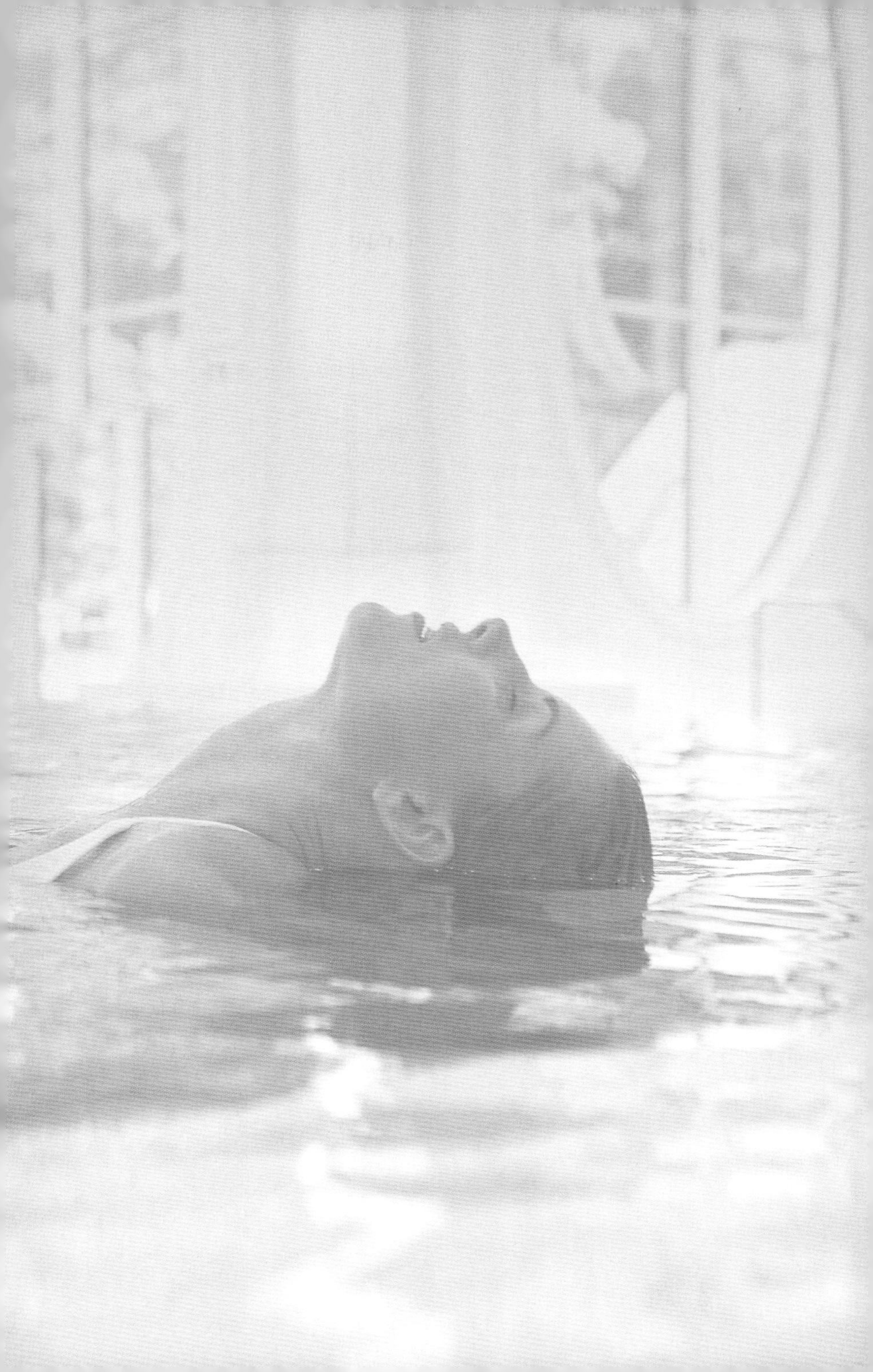

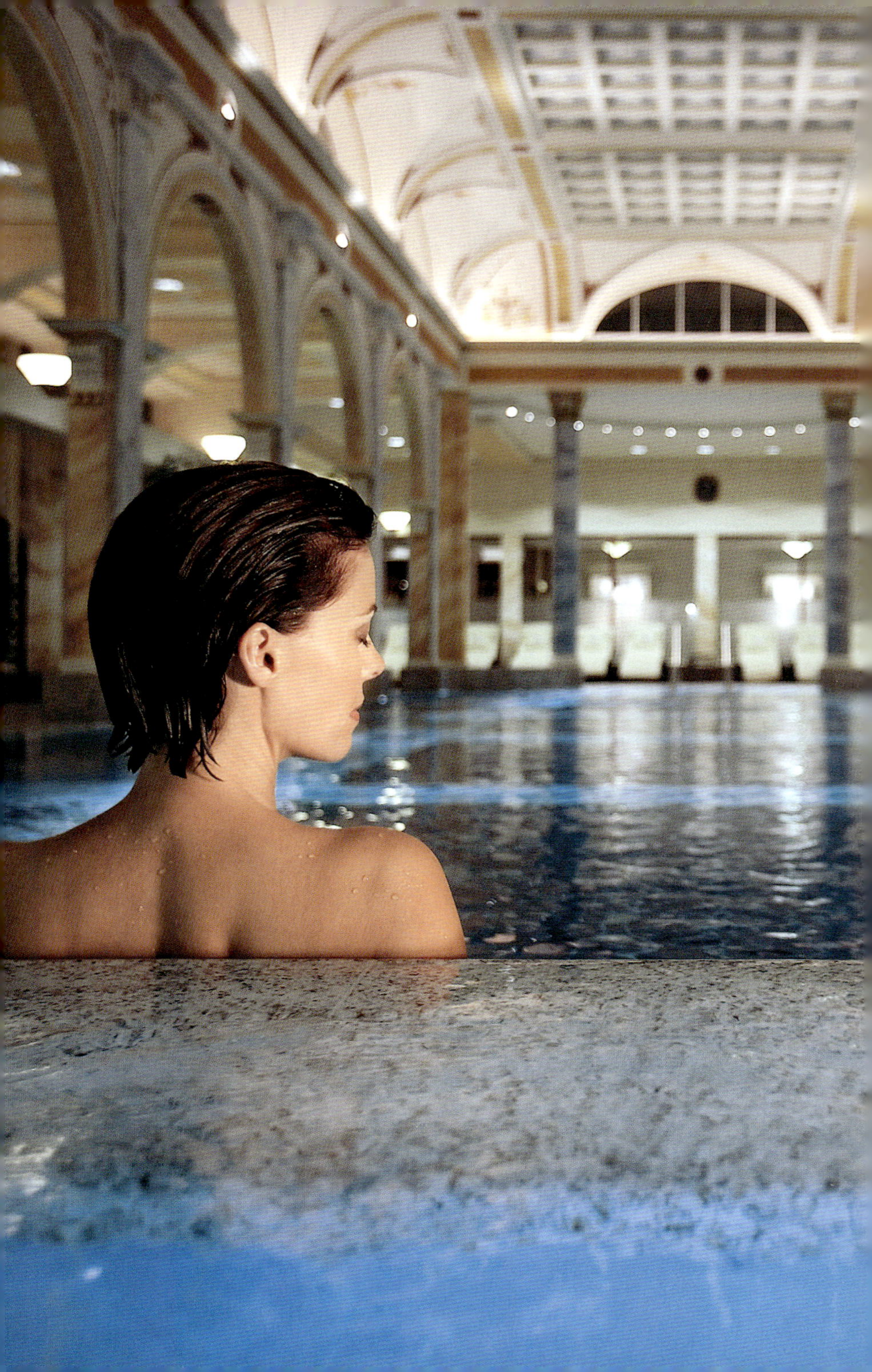

WELLNESSHOTELS

GRAND RESORT
BAD RAGAZ *****

DZ/F CHF 490.– bis 2100.–

7310 Bad Ragaz
Telefon +41 81 303 30 30
www.resortragaz.ch

RANG 1

VORJAHR RANG 1

GASTGEBER
Peter P. Tschirky; Thomas Bechtold

HOTEL
Das Grand Resort Bad Ragaz hat seinen Ruf als bestes Wellbeing-, Medical-Health- und Golfresort Europas weiter gefestigt. Wellness auf 7300 m², zwei eigene Golfplätze, acht Toprestaurants, Spielcasino und ein öffentliches medizinisches Zentrum: Da vermag keiner mitzuhalten. Doch in Ragaz gibt es keinen Stillstand. Drum wird jetzt wieder gebaut. In den drei untersten Stockwerken des prächtigen Spa Towers entsteht die luxuriöseste Privatklinik der Schweiz. Die fünfte Etage des Towers erhält eine weitere Suite von 300 m², und das wertvolle Thermalwasser gelangt künftig über eine 4,2 Kilometer lange Leitung direkt ins Resort. Die Investitionen lässt man sich 15 Millionen kosten.

RESTAURANTS
8, ausgezeichnet mit insgesamt 58 Gault-Millau-Punkten, Restaurant Äbtestube mit 1 Michelin-Stern.

FREIZEITANGEBOT
Alle Sommer- und Wintersportmöglichkeiten, zahlreiche kulturelle Veranstaltungen, Tennis, Tischtennis, Billard, Casino, Bibliothek, kostenloser Verleih von Flyer-Elektrovelos und Head-Skis, 2 eigene Golfplätze (18 und 9 Loch).

SPA
Exklusives Wellness- und Beautyparadies auf 12 800 m² (inklusive die öffentlich zugängliche Tamina Therme), Leading Spa of the World.

INTERNET
WLAN kostenlos.

ZAHLUNGSMÖGLICHKEITEN
Visa, American Express, Maestro, Mastercard.

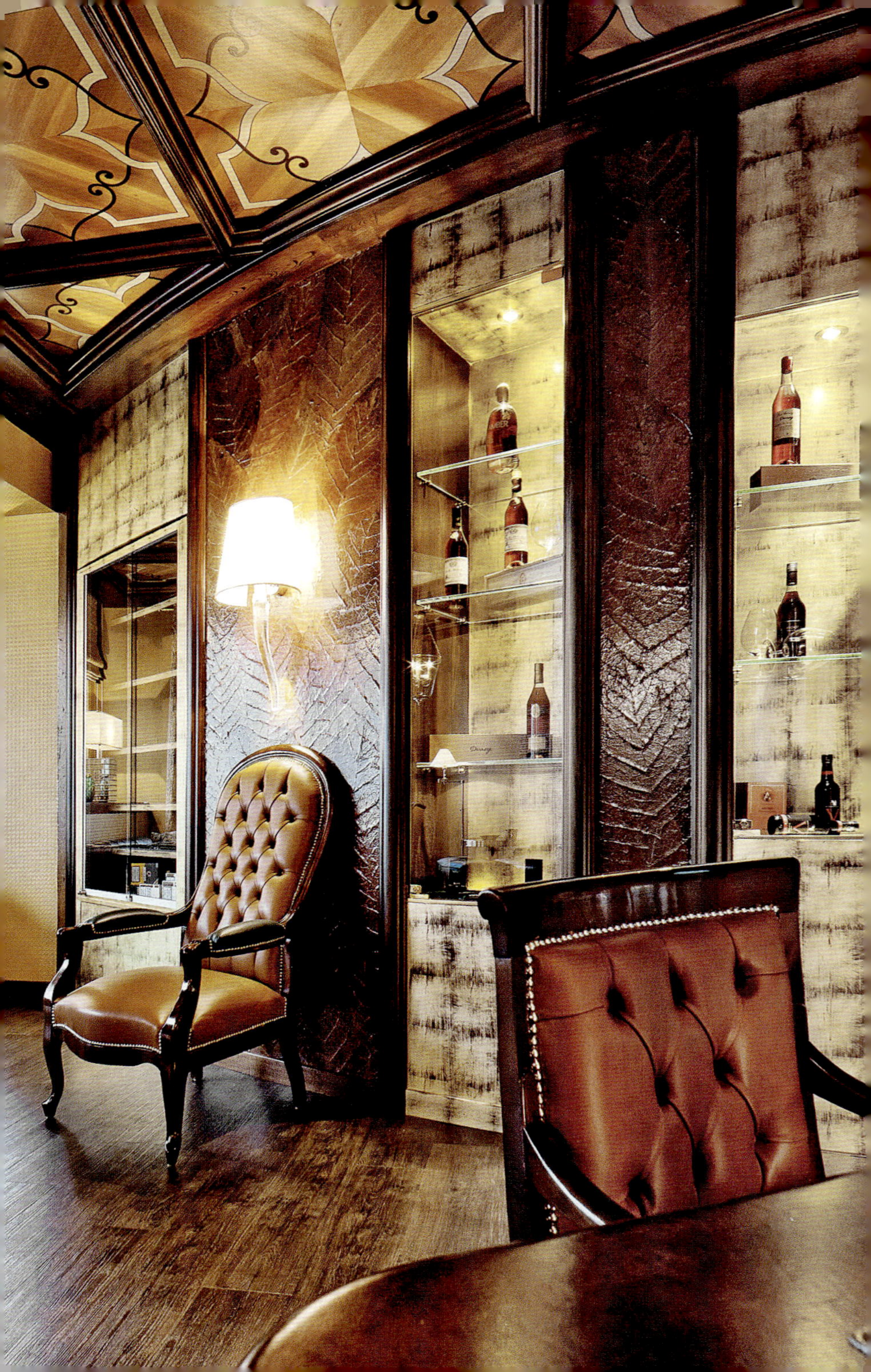

WELLNESSHOTELS

TSCHUGGEN GRAND HOTEL *****˜
DZ/F CHF 355.– bis 890.–

7050 Arosa
Telefon +41 81 378 99 99
www.tschuggen.ch

RANG 2
VORJAHR RANG 2

GASTGEBER
Leo Maissen

HOTEL
Das Tschuggen ist das Stammhaus der Tschuggen Hotel Group von Karl-Heinz Kipp. Als die Kipps 1987 in die Schweiz zogen, richteten sie sich auf dem Dach des Hotels ein Penthouse von umwerfender Schönheit ein. Heute wohnt die Familie zwar auf dem Dach des Eden Roc in Ascona, doch das Tschuggen bleibt eine alte Liebe. Kipp investierte deshalb vor sechs Jahren fast 100 Millionen ins Hotel. Rund 40 Millionen davon gingen an Mario Botta, der den spektakulärsten Wellnesstempel der Alpen baute. Auch wenn Kipp nur noch selten in Arosa ist, weiss er über alles Bescheid. Zum Beispiel, dass das Durchschnittsalter der Gäste um 17 Jahre gesenkt wurde. Und dass der junge Direktor Leo Maissen ein Volltreffer ist.

RESTAURANTS
4 (im Sommer 3), ausgezeichnet von Guide Bleu und GaultMillau, Restaurant La Vetta mit 1 Michelin-Stern.

FREIZEITANGEBOT
Alle Sommer- und Wintersportmöglichkeiten, Kegelbahnen, Heissluftballonfahren, Tennis (Aussen- und Hallenplätze) im Schwesterhotel Valsana, 18-Loch-Golfplatz in der Nähe.

SPA
Exklusive Wellness- und Beautywelt auf 5000 m², Leading Spa of the World.

INTERNET
WLAN kostenlos.

ZAHLUNGSMÖGLICHKEITEN
Visa, American Express, Diners, Mastercard.

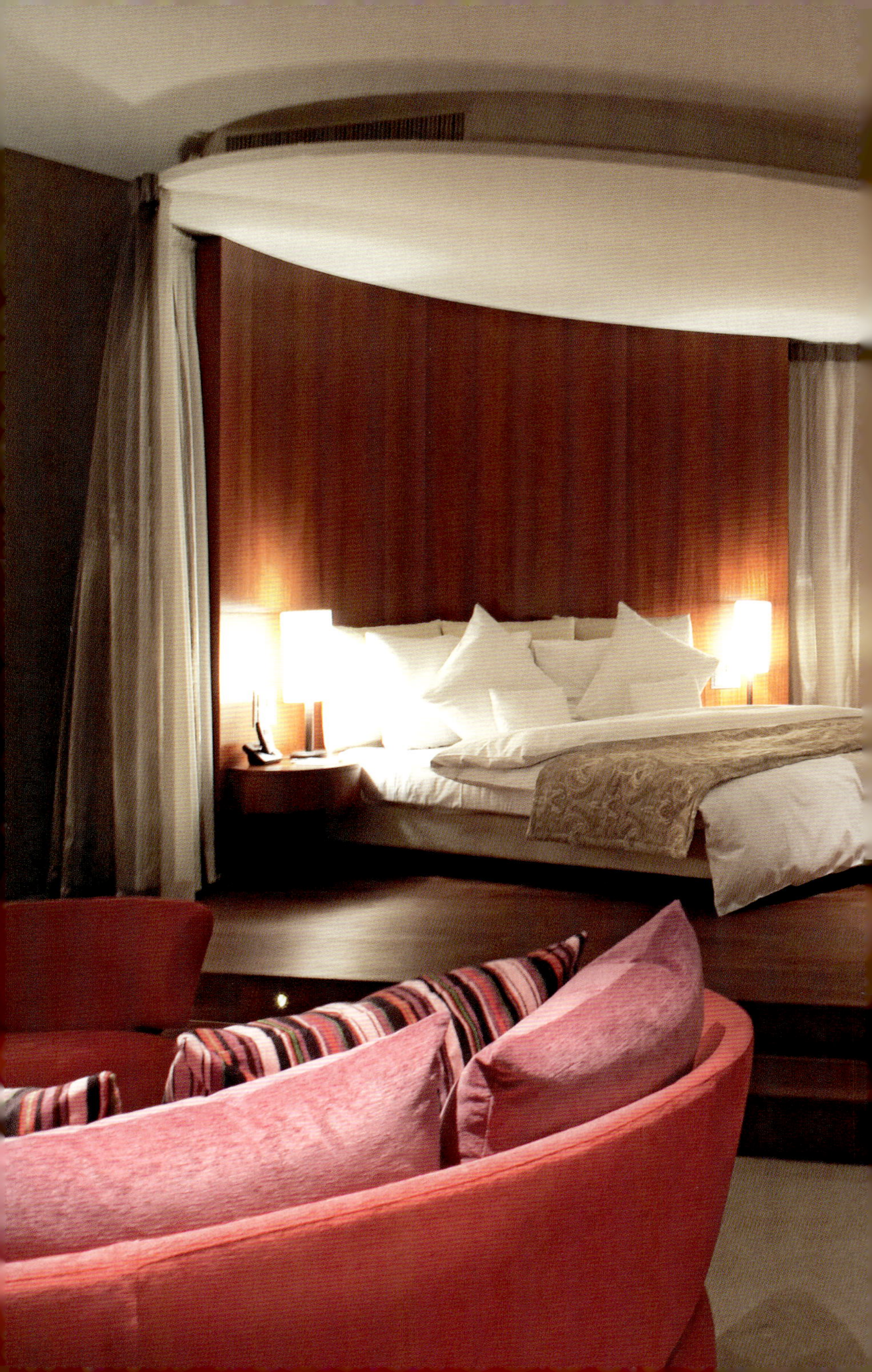

WELLNESSHOTELS

PARK WEGGIS ★★★★★˘
DZ/F CHF 400.– bis 550.–

6353 Weggis LU
Telefon +41 41 392 05 05
www.parkweggis.ch

RANG 3

KATEGORIEWECHSEL

GASTGEBER
Peter Kämpfer

HOTEL
Seit der Totalrenovation und dem Ausbau vor mehr als einem Dutzend Jahren zählt das Bijou am Vierwaldstättersee zu den schönsten und beliebtesten Hotels der Zentralschweiz. Später kamen eine exklusive Wellnessanlage und ein japanischer Garten dazu, anschliessend konnten in einem spektakulären Erweiterungsbau zehn wunderschöne Suiten in Betrieb genommen werden. Ermöglicht hat das alles der einheimische Unternehmer Martin Denz, der im alten, zunehmend marod gewordenen Park Hotel als Kind jeweils seine Ferien verbracht hatte. Einen Glücksgriff tat der Besitzer mit der Verpflichtung von Peter Kämpfer, der das Haus geschickt weiterentwickelt.

RESTAURANTS
2, ausgezeichnet von Guide Bleu und Gault-Millau.

FREIZEITANGEBOT
Direkter Zugang zum See mit malerischem Park und Privatstrand, Bootsverleih und Wassersportangebote, luxuriöser Aussenpool, 18-Loch-Golfplatz in der Nähe.

SPA
Exklusiver Wellnessbereich mit sechs asiatischen Spa-Cottages für bis zu 4 Personen sowie tibetischen Treatments und einem geheizten Aussenpool.

INTERNET
WLAN kostenlos.

ZAHLUNGSMÖGLICHKEITEN
American Express, Visa, Mastercard, Diners, Union Pay, Postcard, EC.

WELLNESSHOTELS

ERMITAGE WELLNESS- & SPA-HOTEL *****

DZ/F CHF 322.– bis 888.–

3778 Gstaad-Schönried
Telefon +41 33 748 04 30
www.ermitage.ch

RANG 4

VORJAHR RANG 3

GASTGEBER
Daniel J. Ziegler, CEO; Stefan Walliser, Direktor. Besitzer: Familien Lutz und Schmid

HOTEL
Seit dem gut 40 Millionen Franken teuren Um- und Ausbau vor knapp drei Jahren braucht sich das unkomplizierte Luxushaus selbst vor den berühmten Konkurrenten im nahen Gstaad nicht zu verstecken. Heiner Lutz und Laurenz Schmid, die das Ermitage vor drei Jahrzehnten als marode Pension übernommen hatten, sind vor einem Jahr ins zweite Glied zurückgetreten. Als CEO für das Ermitage und das Schwesterhotel Beatus in Merligen verpflichteten sie Daniel J. Ziegler. Ein geschickter Schachzug, denn Ziegler, der einst die Tschuggen Hotel Group aufgebaut hat, zählt zu den fünf besten Hoteliers der Schweiz.

RESTAURANTS
3, ausgezeichnet von Guide Bleu und Gault-Millau.

FREIZEITANGEBOT
Alle Sommer- und Wintersportmöglichkeiten, Aussen-Solebad, Bibliothek, Spielzimmer, 18-Loch-Golfplatz in der Nähe.

SPA
Schöne Wellnessoase auf 3500 m².

INTERNET
WLAN kostenlos.

ZAHLUNGSMÖGLICHKEITEN
Visa, American Express, Mastercard, Eurocard, Maestro.

PRIVATE SELECTION HOTELS

KEMPINSKI GRAND HOTEL DES BAINS ★★★★★ˇ
DZ/F CHF ab 410.–

7500 St. Moritz
Telefon +41 81 838 38 38
www.kempinski.com/stmoritz

RANG 5 VORJAHR RANG 7

GASTGEBER
Rupert Simoner

HOTEL
Das Kempi St. Moritz wird von Jahr zu Jahr noch besser (und erfolgreicher). In Sachen Innovation und Kreativität nimmt es gar schweizweit eine Führungsrolle ein. Hauptverantwortlich dafür ist Rupert Simoner, der nicht bloss General Manager des Engadiner Luxuspalastes ist, sondern auch Senior Vice President der Kempinski-Betriebe in Europa. Das komplett renovierte Restaurant Les Saisons hat mit Grill & Dine ein neues Konzept erhalten. Ebenfalls neu sind acht zusätzliche Suiten zwischen 90 und 330 m², die dem Gast allen erdenklichen Luxus bieten. Damit ist das Hotel, das im Sommer seinen 150. Geburtstag feiert, perfekt aufgestellt.

RESTAURANTS
4, ausgezeichnet von Guide Bleu und Gault-Millau, Restaurant Cà d'Oro mit 1 Michelin-Stern.

FREIZEITANGEBOT
Alle Sommer- und Wintersportmöglichkeiten, attraktives Veranstaltungsprogramm, Bibliothek, Spielzimmer, 18-Loch-Golfplatz in der Nähe.

SPA
Exklusive Wellnesswelt auf 2800 m².

INTERNET
WLAN kostenlos.

ZAHLUNGSMÖGLICHKEITEN
Alle Kreditkarten ausser JCB.

WELLNESSHOTELS

LE MIRADOR KEMPINSKI LAKE GENEVA *****˘
DZ / F CHF ab 390.–

1801 Le Mont-Pèlerin
Telefon +41 21 925 11 11
www.kempinski.com/mirador

RANG 6

VORJAHR RANG 4

GASTGEBER
Charlotte und Jean-Marc Boutilly

HOTEL
Die Lage des Le Mirador Kempinski hoch über dem Genfersee mitten im Weinbaugebiet des Lavaux ist eine Wucht. Nicht minder reizvoll ist das Hotel selbst, das 2009 nahezu komplett renoviert wurde und seither in schönstem Glanz erstrahlt. Highlights sind die atemberaubende Panoramaterrasse, die prächtigen Suiten und das edle Givenchy-Spa. Einen Namen gemacht hat sich das Hotel insbesondere auch mit seinen exklusiven Serviceleistungen, die selbst die Herzen der verwöhntesten Gäste höher schlagen lassen. Grossen Zuspruch findet zudem das medizinische Zentrum, das unter anderem Kurprogramme und kosmetische Zahnbehandlungen anbietet.

RESTAURANTS
3, Restaurant Le Trianon mit 1 Michelin-Stern.

FREIZEITANGEBOT
Alle Sommersportarten, Wassersport, 3 Tennisplätze im Freien, Helikopter-Rundflüge (hoteleigener Landeplatz), 18-Loch-Golfplatz in der Nähe.

SPA
1750 m², Spa Givenchy, Leading Spa of the World.

INTERNET
WLAN kostenlos.

ZAHLUNGSMÖGLICHKEITEN
Alle gängigen Kreditkarten.

HOTEL HOF WEISSBAD ****
DZ/F CHF 540.–

9057 Weissbad-Appenzell
Telefon +41 71 798 80 80
www.hofweissbad.ch

RANG 7 VORJAHR RANG 8

GASTGEBER
Damaris und Christian Lienhard

HOTEL
Christian und Damaris Lienhard schrieben eine der schönsten Hotel-Erfolgsstorys und zählen zu den kreativsten Gastgebern im Land. Vor mittlerweile 20 Jahren begannen sie gemeinsam mit dem Aufbau des 30-Millionen-Projekts Hof Weissbad, an dessen Erfolg kaum einer glaubte. Doch der ganzjährig geöffnete Hof wurde mit einer Belegung von über 95 Prozent rasch zum bestausgelasteten Hotel der Schweiz. Und zu einem der rentabelsten. 2013 war gar das umsatzstärkste Jahr überhaupt, und im laufenden Jubiläumsjahr ist man erneut auf Rekordkurs. Mittlerweile steht auch fest, dass der Hof einen neuen Wellnesstempel für gegen 20 Millionen Franken erhält.

RESTAURANTS
3, ausgezeichnet von Guide Bleu und Gault-Millau.

FREIZEITANGEBOT
Alle Sommer- und Wintersportmöglichkeiten, attraktives Veranstaltungs- und Konzertprogramm, Aussenbibliothek rund ums Haus, eigene Kochschule, 18-Loch-Golfplatz in der Nähe.

SPA
2000 m².

INTERNET
WLAN kostenlos.

ZAHLUNGSMÖGLICHKEITEN
Alle gängigen Kreditkarten.

PRIVATE SELECTION HOTELS

WELLNESSHOTELS

VICTORIA-JUNGFRAU GRAND HOTEL & SPA ★★★★★

DZ/F CHF 690.– bis 800.–

3800 Interlaken
Telefon +41 33 828 28 28
www.victoria-jungfrau.ch

RANG 8 **VORJAHR RANG 5**

GASTGEBER
Urs Grimm und Yasmin Cachemaille Grimm

HOTEL
Emanuel Berger, einer der bedeutendsten Schweizer Hoteliers der vergangenen 50 Jahre, hat mit dem Victoria-Jungfrau ein Monument von Weltruf geschaffen. Als er verabschiedet wurde, ging es nicht bloss mit seinem Lebenswerk abwärts, sondern mit der ganzen von ihm aufgebauten Victoria Jungfrau Collection. Ein Riesenglück für diese und damit auch für das ehrwürdige Victoria-Jungfrau ist, dass die Freiburger Aevis Holding den Übernahmekampf gegen die Zürcher Familie Manz für sich entscheiden konnte. Die neue Hauptaktionärin will fürs Erste ein paar Dutzend Millionen in die vier Hotels investieren. Das kann dem Victoria-Jungfrau nur gut tun.

RESTAURANTS
3, ausgezeichnet von Guide Bleu und Gault-Millau.

FREIZEITANGEBOT
Gute Sommer- und Wintersportmöglichkeiten, abwechslungsreiches Veranstaltungsprogramm, 18-Loch-Golfplatz in der Nähe.

SPA
Exklusive Wellnesswelt auf 5500 m², Leading Spa of the World.

INTERNET
WLAN kostenlos.

ZAHLUNGSMÖGLICHKEITEN
Visa, American Express, Mastercard.

WELLNESSHOTELS

WALDHAUS FLIMS MOUNTAIN RESORT & SPA *****˜
DZ/F CHF 480.– bis 865.–

7018 Flims
Telefon +41 81 928 48 48
www.waldhaus-flims.ch

RANG 9
VORJAHR RANG 6

GASTGEBER
Daniel Füglister

HOTEL
In den vergangenen zehn Jahren ist viel passiert im Waldhaus, dem Hotel des Jahres 2013. Ein erster grosser Schritt in die Zukunft war der Bau der prächtigen Wellnessoase, die jüngst mit zwei luxuriösen Private Spas aufgewertet wurde. Dann erneuerte man den historischen Jugendstilpavillon, die Terrasse erhielt den Glanz von anno dazumal zurück, das Hotelmuseum beherbergt neue Schätze und schliesslich kam noch eine Curling- und Eventhalle dazu. Mit dem neuen, international erfahrenen Direktor Daniel Füglister muss jetzt wieder ein Schritt nach vorn getan werden. Um das Resort weiter zu entwickeln, ist man auf Investorensuche.

RESTAURANTS
4, ausgezeichnet von Guide Bleu und Gault-Millau.

FREIZEITANGEBOT
Alle Sommer- und Wintersportmöglichkeiten, Bibliothek, Billard, exzellente Angebote für Kinder, 18-Loch-Golfplatz in der Nähe.

SPA
3000 m².

INTERNET
WLAN kostenlos.

ZAHLUNGSMÖGLICHKEITEN
Alle gängigen Kreditkarten.

WELLNESSHOTELS

WELLNESSHOTEL
CHASA MONTANA ****˘
DZ / F CHF 370.– bis 660.–

7563 Samnaun
Telefon +41 81 861 90 00
www.hotelchasamontana.ch

RANG 10

VORJAHR RANG 13

GASTGEBER
Carina Gruber und Daniel Eisner

HOTEL
Für Hotelbesitzer Hubert Zegg ist nur das Beste gut genug. Vor einem Jahr investierte er deshalb vier Millionen Franken, um das Spa auf den neusten Stand zu bringen. Seither ist das Preis-Leistungs-Verhältnis in der Chasa Montana nicht nur sehr gut, sondern geradezu sensationell. Schöne Folge davon ist, dass immer mehr Gäste bis zu dreimal pro Jahr Ferien in diesem gastfreundlichen Haus verbringen. Mittlerweile hat Hubert Zegg die operative Leitung seinem langjährigen Mitarbeiter Daniel Eisner übergeben. Er wird das Haus im Sinne Zeggs weiterführen: mit Leidenschaft, viel Gespür für die Wünsche der Gäste – und Erfolg.

RESTAURANTS
4, ausgezeichnet von GaultMillau.

FREIZEITANGEBOT
Skifahren, Zollfrei-Shopping, Wandern, Mountainbike, Wellness, im Sommer Bergbahnen inklusive.

SPA
1500 m².

INTERNET
WLAN kostenlos.

ZAHLUNGSMÖGLICHKEITEN
Visa, American Express, Mastercard, Postcard, EC, V-Pay.

PRIVATE SELECTION HOTELS
zauberhaft persönlich

RELAIS & CHATEAUX

WELLNESSHOTELS

BEATUS WELLNESS- UND SPA-HOTEL *****
DZ/F CHF 366.– bis 646.–

3658 Merligen
Telefon +41 33 252 81 81
www.beatus.ch

RANG 11 — VORJAHR RANG 10

GASTGEBER
Daniel J. Ziegler, CEO; Peter Mennig. Eigentümer: Familien Lutz und Schmid

HOTEL
Das Beatus ist nicht bloss eines der ersten, sondern seit vielen Jahren auch eines der besten Schweizer Wellnesshotels. Die Terrasse direkt an den Gestaden des Thunersees ist ein Traum, der Hotelpark versetzt den Gast in Ferienstimmung, die Seesicht aus den Zimmern ist unübertrefflich. Soeben wurden wieder 15 Zimmer renoviert. Zusätzlich verfügt das Hotel jetzt über drei neue Suiten mit Service «Beatus excellence». Das heisst, wer in den Suiten wohnt, profitiert von speziellen Serviceleistungen im ganzen Haus. Bemerkenswert ist nicht zuletzt auch die Freundlichkeit und Professionalität der Mitarbeitenden.

RESTAURANTS
3, ausgezeichnet vom Guide Bleu.

FREIZEITANGEBOT
Alle Sommersportarten, Wassersportangebote, 18-Loch-Golfplatz in der Nähe.

SPA
2000 m².

INTERNET
WLAN kostenlos.

ZAHLUNGSMÖGLICHKEITEN
Visa, American Express, Mastercard, Eurocard, Maestro.

PRIVATE SELECTION HOTELS
zauberhaft persönlich

WELLNESSHOTELS

GOLFHOTEL LES HAUTS DE GSTAAD & SPA ★★★★˜
DZ/F CHF 250.– bis 900.–

3777 Saanenmöser
Telefon +41 33 748 68 68
www.golfhotel.ch

RANG 12

VORJAHR RANG 12

GASTGEBER
Andrea und Markus Sprenger

HOTEL
Das auf einer prächtigen Sonnenterrasse über Gstaad gelegene Golfhotel mit seiner legendären Panoramaterrasse zählt zu Recht zu den besten Hotels im Berner Oberland. Dank regelmässigen Investitionen ist der engagiert geführte, freundliche Familienbetrieb auch jetzt wieder in Hochform. Alle 30 Zimmer im Haupthaus wurden geschmackvoll renoviert. Dann folgten die beiden Restaurants, die Kaminbar, die Rezeption sowie das Fumoir. Noch heute betreibt das Hotel einen 20 Hektaren grossen Bauernbetrieb, auf dem Hotelgäste jederzeit willkommen sind. Wenn immer möglich werden im Hotel denn auch eigene Produkte verwendet.

RESTAURANTS
3, ausgezeichnet von Guide Bleu und Gault-Millau.

FREIZEITANGEBOT
Alle Sommer- und Wintersportmöglichkeiten, Kanufahren, River Rafting, Schnupperklettern, Boccia, 18-Loch-Golfplatz in unmittelbarer Nähe.

SPA
1000 m², Ausbau geplant.

INTERNET
WLAN kostenlos.

ZAHLUNGSMÖGLICHKEITEN
Visa, American Express, Eurocard, Diners.

WELLNESSHOTELS

FRUTT LODGE & SPA ****˜
DZ / F CHF 258.– bis 428.–

6068 Melchsee-Frutt
Telefon +41 41 669 79 79
www.fruttlodge.ch

RANG 13

KATEGORIENWECHSEL

GASTGEBER
Ilze und Ralph Treuthardt

HOTEL
Die Frutt Lodge, eine alpine Variante der Lodge-Idee, ist fraglos eine Bereicherung für die Zentralschweizer Hotellerie. Der eindrückliche Komplex liegt auf fast 2000 Metern über Meer auf einem sonnigen Hochplateau inmitten einer hinreissend schönen Landschaft und hat glattweg alles zu bieten, was des Geniessers Herz begehrt. Die Zimmer und Suiten mit den grossen Fensterfronten und der grandiosen Aussicht stünden manchem Fünfsternhaus gut an. Das Spa ist ein Bijou, die riesige Sonnenterrasse ein Traum, das Ambiente stimmt. Zwar sind gewisse Kinderkrankheiten nicht zu übersehen (Servicekompetenz), doch das wird sich noch geben.

RESTAURANTS
2, ausgezeichnet von GaultMillau.

FREIZEITANGEBOT
Alle Sommer- und Wintersportmöglichkeiten.

SPA
900 m².

INTERNET
WLAN kostenlos.

ZAHLUNGSMÖGLICHKEITEN
Visa, American Express, Mastercard, Diners, Postcard, EC.

PRIVATE SELECTION HOTELS

WELLNESSHOTELS

WELLNESSHOTEL
GOLF PANORAMA ****˘
DZ / F CHF 440.– bis 690.–

8564 Lipperswil
Telefon +41 52 208 08 08
www.golfpanorama.ch

RANG 14

VORJAHR RANG 11

GASTGEBER
Caroline und Alexandre Spatz

HOTEL
Das Wellness- und Golfhotel Panorama liegt direkt am Golfplatz Lipperswil, nur durch ein paar sanfte Hügelzüge vom Bodensee getrennt. Erschaffer und Hauptinvestor der feinen Anlage ist Roman Ochsner. Einst hatte er im thurgauischen Niemandsland 16 000 Schweine, heute sind es 100 Hotelbetten, mehr als 30 verkaufte Residenzen und eine Golfanlage mit 27 Löchern. Den Bau des 30 Millionen Franken teuren Hotels hat Ochsner keinen Moment bereut. Dank der Kombination aus Wellness, Golf, Kulinarik und interessanten Angeboten ist das Panorama zu einem Renner geworden. Entsprechend hoch ist der Anteil an zufriedenen Stammgästen.

RESTAURANTS
1, ausgezeichnet von GaultMillau.

FREIZEITANGEBOT
Alle Sommersportmöglichkeiten, Nordic-Walking- und Massai-Walking-Angebote, Rad- und Skatertouren, Wassersport, 27-Loch-Golfanlage direkt vor der Haustür.

SPA
2000 m².

INTERNET
WLAN kostenlos.

ZAHLUNGSMÖGLICHKEITEN
Visa, American Express, Mastercard.

PRIVATE SELECTION HOTELS

WELLNESSHOTELS

LA VAL BERGSPA HOTEL BRIGELS ★★★★˘
DZ/F CHF 280.– bis 480.–

7165 Brigels
Telefon +41 81 929 26 26
www.laval.ch

RANG 15

VORJAHR RANG 15

GASTGEBER
Familie Faber

HOTEL
Das vom deutschen Multimillionär Martin Zimmer erbaute La Val ist etwas vom Feinsten, was die 4-Stern-Alpenhotellerie derzeit zu bieten hat. Die Materialien stammen grösstenteils aus Graubünden. Holz und Stein sind überall präsent. Dafür fehlt die Farbe Rot völlig. Auch deshalb wirkt das La Val – trotz vielen Kerzen und Fackeln – nie wie ein typisches Berghotel mit kitschiger Hüttenromantik, sondern zeichnet sich aus durch unaufdringlichen Luxus. Und dann sind da natürlich Chris und Susan Faber. Es sind Gastgeber der neuen Generation, die ein Hotel mit Leidenschaft führen und das Wohl des Gastes über alles stellen.

RESTAURANTS
2, ausgezeichnet von Guide Bleu und Gault-Millau.

FREIZEITANGEBOT
Alle Sommer- und Wintersportmöglichkeiten, Bibliothek, Spielzimmer, 18-Loch-Golfplatz in der Nähe, 9-Loch-Golfplatz im Ort.

SPA
500 m², ausgezeichnet als Best Alpin Spa.

INTERNET
WLAN kostenlos.

ZAHLUNGSMÖGLICHKEITEN
Visa, American Express, Mastercard, Diners, Eurocard, Maestro, Reka, Jelmoli-Bonuscard.

PRIVATE SELECTION HOTELS

WELLNESSHOTELS

ALPENHOF ZERMATT ★★★★˜
DZ / F CHF 380.– bis 618.–

3920 Zermatt
Telefon +41 27 966 55 55
www.alpenhofhotel.ch

RANG 16
VORJAHR RANG 16

GASTGEBER
Annelise und Hans Peter Julen

HOTEL
Hans Peter Julen gehört zu den angesehenen und mächtigen Persönlichkeiten im Dorf, und sein Hotel zählt nach wie vor zu den besten. Die schön renovierten, luxuriös-eleganten Zimmer und Suiten mit offenen Designer-Bädern würden manch einem Haus mit einem Stern mehr gut anstehen. Bei den Materialien war durchweg nur das Edelste gut genug, und demnächst wird ein langfristiges Investitionsprogramm in Angriff genommen. Auch die Software stimmt in diesem freundlichen Haus. Lauter aufgestellte, zuvorkommende Mitarbeitende tragen massgeblich zum einzigartigen Ambiente bei. Kein Wunder, ist der Anteil an Stammgästen überdurchschnittlich hoch.

RESTAURANTS
2, ausgezeichnet von Guide Bleu und Gault-Millau.

FREIZEITANGEBOT
Alle Sommer- und Wintersportmöglichkeiten, Piano-Bar mit offenem Kamin, schönste Cigar Lounge von Zermatt.

SPA
Exklusive Wellnesswelt auf 1500 m².

INTERNET
WLAN kostenlos.

ZAHLUNGSMÖGLICHKEITEN
Alle Kreditkarten inklusive JCB, Union Pay und V-Pay.

PRIVATE SELECTION HOTELS
zauberhaft persönlich

WELLNESSHOTELS

HOTEL BAD HORN ★★★★ˇ
DZ / F CHF 200.– bis 370.–

9326 Horn
Telefon +41 71 844 51 51
www.badhorn.ch

RANG 17
VORJAHR RANG 14

GASTGEBER
Bernadette und Stephan Hinny

HOTEL
Der grösste Trumpf dieses gepflegten Hotels ist und bleibt die traumhafte Lage direkt am Bodensee, die unweigerlich Ferienstimmung herbeizaubert. Doch das ebenso elegante wie gemütliche Haus mit Lifestylefeeling hat noch andere Stärken. Die schönen, frisch renovierten Zimmer etwa, oder die grosse Gartenterrasse und die edle Wellnessoase. Zum Bad Horn gehören auch der eigene Bootshafen, die Motorjacht Emily und der Anlegepier für Sonderkursschiffe. Eigentümer des Hotels ist der Autoimporteur und Politiker Walter Frey. Dank ihm und seinen Millioneninvestitionen ist aus der einst grauen Hotelmaus eine Perle der Bodenseeregion geworden.

RESTAURANTS
2 (im Sommer drei), ausgezeichnet von Guide Bleu und GaultMillau.

FREIZEITANGEBOT
Wandern, Radfahren, Wassersport, 18-Loch-Golfplatz in der Nähe.

SPA
1500 m², auf 2 Etagen direkt am See.

INTERNET
WLAN kostenlos.

ZAHLUNGSMÖGLICHKEITEN
Visa, American Express, Maestro, Mastercard, Diners, Postcard.

PRIVATE SELECTION HOTELS
zauberhaft persönlich

WELLNESSHOTELS

PARKHOTEL BELLEVUE & SPA ★★★★˜

DZ / F CHF 220.– bis 500.–

3715 Adelboden
Telefon +41 33 673 80 00
www.parkhotel-bellevue.ch

RANG 18

VORJAHR RANG 18

GASTGEBER
Irene und Martin Müller

HOTEL
Im Parkhotel mit seiner über 100-jährigen Geschichte wurde schon viel um- und angebaut. Nachdem sich das Hotel auf Wellness spezialisiert hatte, ging es spürbar aufwärts. Der jüngste Umbau dürfte den erfreulichen Trend noch verstärken. Wobei es sich beim Erdgeschoss, dem Erker und dem Eingang eher um einen (geglückten) Rückbau als einen Umbau handelt. Komplett umgebaut wurden dagegen der Speisesaal und die neue Halle. Dies sehr zum Vorteil des Hotels: Die Räume wirken hell, frisch und grosszügig. Der Charakter des Bellevue verändert sich natürlich nicht. Es bleibt ein diskretes Erholungs- und Genusshotel für Gäste mit ganz unterschiedlichen Ansprüchen.

RESTAURANTS
1, ausgezeichnet von Guide Bleu und Gault-Millau.

FREIZEITANGEBOT
Alle Sommer- und Wintersportmöglichkeiten, geführte Wanderungen, kulturelle und kulinarische Anlässe.

SPA
1700 m² inkl. Schwimmbad (16x18 m).

INTERNET
WLAN kostenlos.

ZAHLUNGSMÖGLICHKEITEN
Visa, Eurocard, Mastercard, Postcard.

PRIVATE SELECTION HOTELS

WELLNESSHOTELS

HOTEL BELVEDERE ★★★★˘
DZ/F CHF 280.– bis 630.–

7550 Scuol
Telefon +41 81 861 06 06
www.belvedere-scuol.ch

RANG 19
VORJAHR RANG 19

GASTGEBER
Julia und Kurt Baumgartner

HOTEL
Das Belvedere ist das Stammhaus der kleinen Hotelgruppe, die Kurt Baumgartner aus dem Nichts aufgebaut hat. Er verlieh damit einem ganzen Tal neue Impulse. Etappenweise verwandelte er das Belvedere in ein Kleinod und verzehnfachte die Anzahl Logiernächte innert weniger Jahre auf über 40 000. Später kaufte der innovative Macher das Badehotel Belvair (das derzeit umgebaut wird) sowie das Boutiquehotel Guardaval dazu und wurde zum Hotelkönig des Unterengadins. Neu gebaut wurde vor kurzem die Chasa Nova mit neun schönen Suiten und mehreren Geschäftsräumen sowie eine Tiefgarage. Der Neubau ist unterirdisch verbunden mit dem Guardaval und dem Belvedere.

RESTAURANTS
3, ausgezeichnet von Guide Bleu und Gault-Millau; grösste Vinothek im Engadin.

FREIZEITANGEBOT
Alle Sommer- und Wintersportmöglichkeiten, Tennis, Spielzimmer, Billard, Bibliothek. Im Sommer Bergbahnpass inklusive.

SPA
750 m², das Hotel ist durch eine Passerelle mit dem 13 000 m² grossen Engadin Bad Scuol verbunden (unbeschränkter Eintritt).

INTERNET
WLAN kostenlos.

ZAHLUNGSMÖGLICHKEITEN
Visa, American Express, Mastercard, WIR.

PRIVATE SELECTION HOTELS

WELLNESSHOTELS

HOTEL ADULA ****˘
DZ/F CHF 290.– bis 588.–

7018 Flims-Waldhaus
Telefon +41 81 928 28 28
www.adula.ch

RANG 20
VORJAHR RANG 20

GASTGEBER
Familie Francisca Hotz
und Corina Scheidegger-Hotz

HOTEL
Über 100 Jahre alt und gleichwohl vom Keller bis unters Dach immer auf dem neuesten Stand: Das charmante Wellnesshotel Adula überzeugt auf der ganzen Linie. Das gilt insbesondere für die Gastfreundschaft, den professionellen Service und das überragende Preis-Leistungs-Verhältnis. Im Adula wird vom Küchenburschen bis zur engagierten, liebenswürdigen Besitzerfamilie alles unternommen, um dem Gast ein unvergessliches Ferienerlebnis zu bieten. Nachdem das Haus lange Zeit besonders beliebt war bei Familien und Individualgästen, setzt man schon seit mehreren Jahren mit Erfolg auf Wellness und attraktive saisonale Angebote.

RESTAURANTS
3, ausgezeichnet von Guide Bleu und Gault-Millau.

FREIZEITANGEBOT
Alle Sommer- und Wintersportmöglichkeiten, Tischtennis, Boccia, Flipperkästen, 18-Loch-Golfplatz in der Nähe, E-Bikes im Hotel, Freestyle-Akademie, Hochseilpark.

SPA
1200 m².

INTERNET
WLAN kostenlos.

ZAHLUNGSMÖGLICHKEITEN
Visa, American Express, Diners, Eurocard, Reka-Checks.

PRIVATE SELECTION HOTELS

WELLNESSHOTELS

HOTEL ALPINE RESIDENCE MIRABEAU ★★★★˘
DZ / F CHF 236.– bis 680.–

3920 Zermatt
Telefon +41 27 966 26 60
www.hotel-mirabeau.ch

RANG 21 VORJAHR RANG 17

GASTGEBER
Rose und Sepp Julen

HOTEL
Das traditionsreiche Mirabeau, bestehend aus dem Stammhaus und der Residence, zählt seit Jahren zu den Tophotels von Zermatt. Tradition und Modernität bilden in diesem unkonventionell und eigenwillig wirkenden Haus einen reizvollen Mix. Die komplett renovierten Zimmer und Bäder verströmen Behaglichkeit, der Blick aufs Matterhorn und die umliegenden Viertausender ist überwältigend. Seit vor drei Jahren das Schwimmbad umgebaut wurde und zum Herzen des schönen Spas geworden ist, werden Investitionen hauptsächlich im Hintergrund getätigt.

RESTAURANTS
2, ausgezeichnet von Guide Bleu und Gault-Millau.

FREIZEITANGEBOT
Alle Sommer- und Wintersportmöglichkeiten, Bibliothek, 9-Loch-Golfplatz in der Region.

SPA
600 m².

INTERNET
WLAN kostenlos.

ZAHLUNGSMÖGLICHKEITEN
Visa, American Express, Mastercard, Maestro, Diners, Postcard, Jelmoli-Bonuscard, Reka.

WELLNESSHOTELS

ESPLANADE HOTEL RESORT & SPA ★★★★˜

DZ / F CHF 280.– bis 450.–

6648 Minusio
Telefon +41 91 735 85 85
www.esplanade.ch

RANG 22 NEU

GASTGEBER
Stefanie Gärtner und Josef Planzer

HOTEL
Die Geschichte des Esplanade, das in einem mediterranen Park über dem See liegt, ist abwechslungsreich. Vor rund 100 Jahren war es ein Kurhaus, dann ein Luxushotel und schliesslich ein 4-Stern-Hotel, das zunehmend in einen Tiefschlaf verfiel. Erst vor gut 20 Jahren kam wieder etwas Leben hinein, als es in ein Spa-Hotel umgebaut wurde. Für die Wiederauferstehung sorgte vor allem der temperamentvolle Gastgeber Rolando Vescoli. Als er vor drei Jahren ging, entschlummerte das Hotel wieder. Jetzt gibt es leise Anzeichen, dass das Esplanade wieder erwacht. Es wäre gut für Locarno, wo in den vergangenen Jahren viele Hotels die Lichter für immer gelöscht haben.

RESTAURANTS
1

FREIZEITANGEBOT
Ausflüge in die nahen und bekannten Täler wie Verzasca, Maggia oder Onsernone. Gratis E-Bikes und Tennisplätze, geführte Radausflüge, Weindegustationen direkt beim Winzer, Besuch auf den Brissago-Inseln, Panorama-Wanderwege.

SPA
1600 m^2, beheizter Aussenpool (März bis Oktober).

INTERNET
WLAN kostenlos.

ZAHLUNGSMÖGLICHKEITEN
Alle gängigen Kreditkarten.

WELLNESSHOTELS

SEEHOTEL WILERBAD ★★★★
DZ/F CHF 280.– bis 490.–

6062 Wilen
Telefon +41 41 662 70 70
www.wilerbad.ch

RANG 23 NEU

GASTGEBERIN
Renate Stocker

HOTEL
In Wilen oberhalb des Sarnersees wurde schon vor 400 Jahren gebadet. Vor einem Jahr ist diese Tradition wieder aufgenommen worden: Statt in der Schwefelquelle vergnügen sich die Gäste jetzt in einem modernen, gelungenen Spa. Zu verdanken ist die schöne Entwicklung des Seehotels dem Unternehmer Rainer Peikert, der das Haus vor bald 20 Jahren kaufte und seither viel Geld investierte. Mittlerweile engagiert sich seine Tochter Simona ebenso für das Hotel und dessen Zukunft. Trümpfe des Seehotels Wilerbad sind neben dem Spa das eigene Strandbad, die schönen Spasuiten, eine prächtige Terrasse und die kompetente Führung durch Renate Stocker.

RESTAURANTS
2

FREIZEITANGEBOT
Wandern, Biken (hoteleigene Bikes), Strandbad. Mehrere Wintersportgebiete in der Nähe.

SPA
1300 m².

INTERNET
WLAN kostenlos.

ZAHLUNGSMÖGLICHKEITEN
Alle gängigen Kreditkarten.

WELLNESSHOTELS

KURHAUS CADEMARIO
HOTEL & SPA ****˜
DZ / F CHF 250.– bis 830.–

6936 Cademario-Lugano
Telefon +41 91 610 51 11
www.kurhauscademario.com

RANG 24 **NEU**

GASTGEBER
Rafaela und Peter Hoeck Domig

HOTEL
Der romantische, sonnige Flecken Cademario, nur 12 Kilometer von Lugano entfernt, war bislang fast nur Kennern ein Begriff. Das hat sich gründlich geändert, seit das vor einem Jahrhundert erbaute Kurhaus im vergangenen Jahr nach aufwändiger Renovation wiedereröffnet wurde. Herzstück der neuen Anlage mit herrlichem Blick auf den See ist das Spa, das selbst erfahrene Wellnessfreaks begeistert. Zwar sind die Abläufe bisweilen noch nicht optimal, doch das wird sich geben. Ein Rätsel bleibt, weshalb die altertümliche Bezeichnung «Kurhaus» beibehalten wurde. Die Erinnerung an lebensbedrohliche Krankheiten passt ganz einfach nicht in diese Idylle.

RESTAURANTS
2

FREIZEITANGEBOT
Innen- und Aussenpool mit verschiedenen Wasserattraktionen sowie im Sommer ein Sport-Aussenschwimmbad. Fitness- und Frischluft-Trainingsbereich.

SPA
Exklusive Wellnessoase auf 2200 m^2.

INTERNET
WLAN kostenlos.

ZAHLUNGSMÖGLICHKEITEN
Alle gängigen Karten ausser Diners.

WELLNESSHOTELS

**PARK-HOTEL
BAD ZURZACH** ★★★★
DZ / F CHF 280.– bis 370.–

5330 Bad Zurzach
Telefon +41 56 269 88 11
www.park-hotel-zurzach.ch

RANG 25 NEU

GASTGEBER
Ralph Möller

HOTEL
Das Park-Hotel hat in den vergangenen Jahren eine überaus positive Entwicklung durchgemacht. Die Lage in einem prächtigen Park mit Biotop und Pavillon-Lounge war schon immer erstklassig, das Hotel an sich dagegen über Jahre fast schon ein Ärgernis. Dank beträchtlichen Investitionen und im Unterschied zu früher bestens geschulten und motivierten Mitarbeitenden hat sich fast alles zum Guten gewandt. Das Park-Hotel mit seinen schönen, geräumigen und modernen Zimmern erfüllt jetzt auch hohe Ansprüche. Und Ralph Möller ist ein engagierter Gastgeber. Ärgerlich ist dagegen, dass das Internet in den Zimmern kostenpflichtig ist.

RESTAURANTS
2

FREIZEITANGEBOT
Zahlreiche schöne Velo- und Wanderrouten, Physiotherapie, medizinische Angebote.

SPA
Freier Eintritt ins benachbarte Thermalbad Zurzach (unterirdischer Zugang).

INTERNET
WLAN kostenpflichtig.

ZAHLUNGSMÖGLICHKEITEN
Alle gängigen Karten ausser Diners.

DIE 25 BESTEN STADT-HOTELS

STADTHOTELS

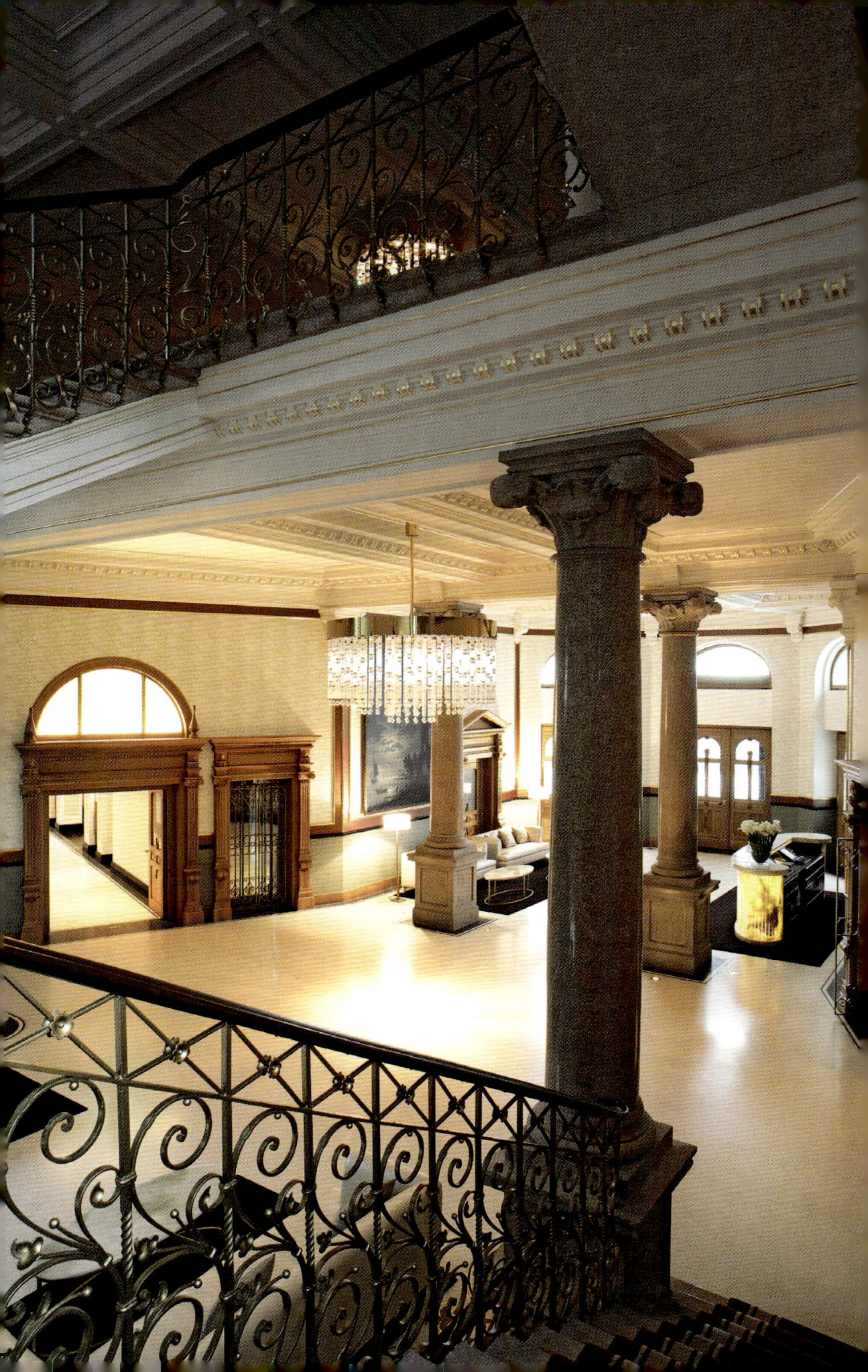

STADTHOTELS

THE DOLDER GRAND ★★★★★˜
DZ CHF 650.– bis 1150.–

8032 Zürich
Telefon +41 44 456 60 00
www.thedoldergrand.com

RANG 1
VORJAHR RANG 1

GASTGEBER
Mark Jacob

HOTEL
Für die internationalen Medien und berühmte Gäste ist The Dolder Grand längst eines der schönsten City Resorts der Welt. Jetzt merken es auch die Zürcher. Immer zahlreicher strömen sie ins Dolder, um sich für ein paar Tage im Weltklasse-Spa und im besten Restaurant der Stadt verwöhnen zu lassen. Die Auslastung ist markant gestiegen, die Suiten sind fast immer ausgebucht. Die Eröffnung einer neuen Terrassensuite von 390 m² am 1. August kommt da gerade richtig. Auffallend auch: Die Servicekultur hat unter dem starken Junghotelier Mark Jacob noch einen Zacken zugelegt. So gut wie heute war The Dolder Grand noch nie.

RESTAURANTS
2, ausgezeichnet von Guide Bleu und Gault-Millau. The Restaurant mit 2 Michelin-Sternen.

BUSINESSANGEBOT
Grosszügige Räumlichkeiten für Seminare, Bankette und Events für 12 bis 900 Personen. Infrastruktur und technische Hilfsmittel auf modernstem Stand.

SPA
Luxuriöse Wellnessoase auf 4000 m², konzipiert von Sylvia Sepielli, Leading Spa of the World.

INTERNET
WLAN kostenlos.

ZAHLUNGSMÖGLICHKEITEN
Alle gängigen Kreditkarten.

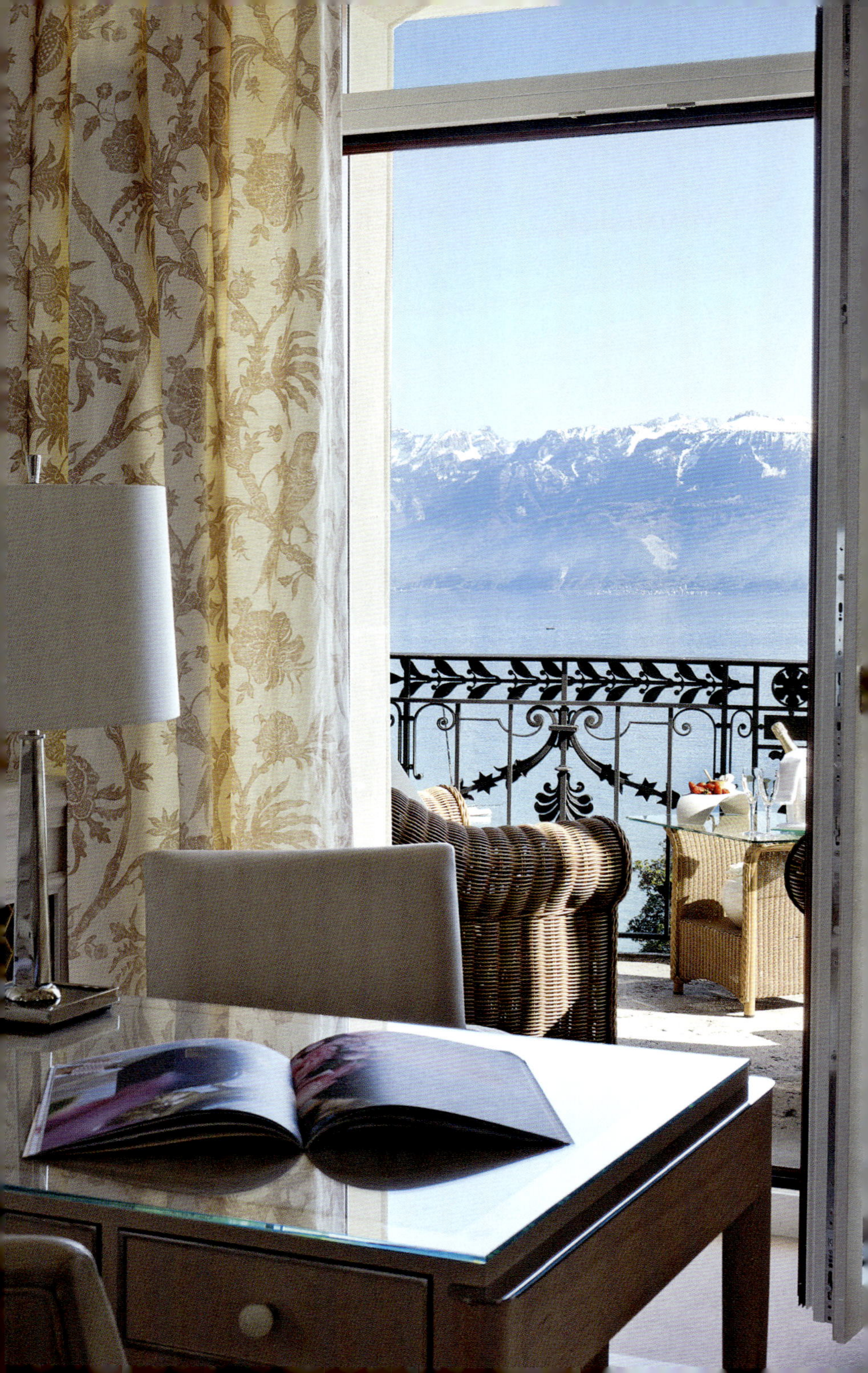

STADTHOTELS

BEAU-RIVAGE PALACE *****
DZ/F CHF 590.– bis 940.–

1006 Lausanne-Ouchy
Telefon +41 21 613 33 33
www.brp.ch

RANG 2 — VORJAHR RANG 2

GASTGEBER
François Dussart

HOTEL
Die Zimmerrenovation für gegen 30 Millionen Franken wurde soeben abgeschlossen, das Beau-Rivage gehört jetzt erst recht zu den schönsten und besten Stadthotels Europas. Architekt war der französische Stardesigner Pierre-Yves Rochon, der grandiose Arbeit geleistet hat. Die Rechnung wurde von der Sandoz-Stiftung beglichen, hinter der die Familie Landolt steht. Dieser Stiftung, die auch das Riffelalp Resort in Zermatt erbaut hat, verdankt die Schweizer Hotellerie enorm viel. Erfreulich ist zudem, dass sich die Softwarefaktoren im Beau-Rivage spürbar verbessert haben. General Manager François Dussart lässt nichts mehr anbrennen.

RESTAURANTS
4, ausgezeichnet von Guide Bleu und Gault-Millau, Restaurant Anne-Sophie Pic mit 2 Michelin-Sternen.

BUSINESSANGEBOT
Bankett- und Seminarräumlichkeiten für 10 bis 600 Personen. Infrastruktur und technische Hilfsmittel auf modernstem Stand.

SPA
Exklusive Wellnessoase auf 1500 m², Leading Spa of the World.

INTERNET
WLAN kostenlos.

ZAHLUNGSMÖGLICHKEITEN
Alle gängigen Kreditkarten.

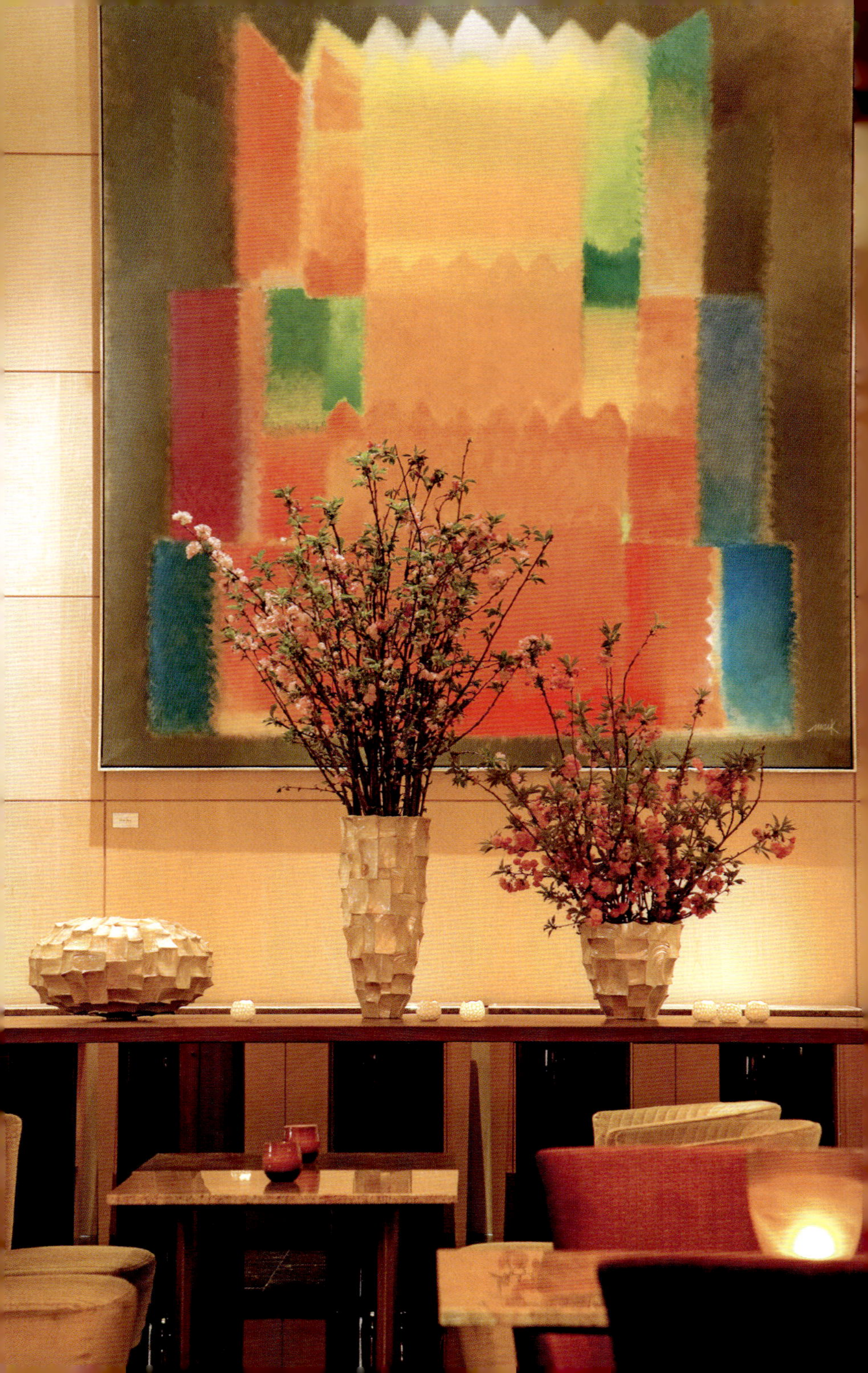

STADTHOTELS

PARK HYATT ZÜRICH *****˜
DZ / F CHF 640.– bis 1700.–

8002 Zürich
Telefon +41 43 883 12 34
www.zurich.park.hyatt.com

RANG 3

VORJAHR RANG 3

GASTGEBER
Jan Peter van der Ree

HOTEL
Was im jüngsten und coolsten Zürcher 5-Stern-Hotel rund um die Uhr an Topservice, überraschenden Aufmerksamkeiten und Detailpflege geboten wird, ist schier unübertrefflich. Schlüsselstellen wie Concierge, Rezeption und Chef de Service sind in kaum einem andern Top-Businesshotel so stark besetzt. Kommt dazu, dass Weltmann Jacques Morand, der im Mai nach Istanbul wechselte, das Hotel souverän und wohltuend unaufgeregt führte. Kein Wunder, dass immer mehr Persönlichkeiten aus Wirtschaft, Politik und Showbusiness das ideal zwischen Bahnhofstrasse und See gelegene Park Hyatt mit seiner prächtigen Lobby-Lounge und der trendigen Onyx-Bar bevorzugen.

RESTAURANTS
2, ausgezeichnet von GaultMillau.

BUSINESSANGEBOT
Seminar-, Bankett- und Eventräumlichkeiten für bis zu 300 Personen. Infrastruktur und technische Hilfsmittel auf modernstem Stand.

SPA
Exklusiver Wellness-, Beauty- und Fitnessbereich (Club Olympus).

INTERNET
WLAN kostenlos.

ZAHLUNGSMÖGLICHKEITEN
Alle gängigen Kreditkarten.

STADTHOTELS

BAUR AU LAC ★★★★★˅
DZ / F CHF 870.– bis 3600.–

8001 Zürich
Telefon +41 44 220 50 20
www.bauraulac.ch

RANG 4
VORJAHR RANG 4

GASTGEBER
Wilhelm Luxem

HOTEL
Drei Jahrzehnte lang führte Starhotelier Michel Rey den weltberühmten Palast an Toplage mit grossem Erfolg. Entsprechend schwer war das Erbe, das Wilhelm Luxem Anfang 2013 antrat. Doch der Deutsche, zuvor General Manager im Kölner Excelsior Ernst, dem Schwesterhotel des Baur au Lac, löst die Aufgabe in Zürich mit Bravour. Ein paar Anfangsschwierigkeiten hat er geradezu souverän gemeistert. Der 170 Jahre junge Palast dürfte das weltweit älteste Luxushotel sein, das sich noch im Besitz der Gründerfamilie (Kracht) befindet. Das mag mit ein Grund sein, dass sich das Haus nicht bloss durch höchste Servicequalität, sondern auch durch eine fast familiäre Arbeitsatmosphäre auszeichnet.

RESTAURANTS
2, ausgezeichnet von Guide Bleu und Gault-Millau, Restaurant Pavillon mit 1 Michelin-Stern.

BUSINESSANGEBOT
Sehr schöne, neu gestaltete Räumlichkeiten für Seminare, Bankette und Events bis zu 300 Personen. Infrastruktur und technische Hilfsmittel auf modernstem Stand.

SPA
Fitnessclub mit spektakulärem Blick auf See und Berge.

INTERNET
WLAN kostenlos.

ZAHLUNGSMÖGLICHKEITEN
Alle gängigen Kreditkarten.

STADTHOTELS

LAUSANNE PALACE & SPA *****
DZ/F ab CHF 540.–

1002 Lausanne
Telefon +41 21 331 31 31
www.lausanne-palace.com

RANG 5 VORJAHR RANG 6

GASTGEBER
Jean-Jacques Gauer

HOTEL
Weit über 60 Millionen Franken hat die Besitzerin, die in Gstaad lebende deutsche Verlagserbin Ute Funke, bisher ins Palace gesteckt. Doch das Wichtigste war, dass Jean-Jacques Gauer von Bern nach Lausanne wechselte. Als er vor 20 Jahren begann, machte das Palace 11 Millionen Franken Umsatz und schrieb hohe Verluste. Heute sind es 50 Millionen Umsatz, und alljährlich können 5 bis 6 Millionen aus eigenen Mitteln investiert werden. Auch die 8 Millionen für die jüngsten Zimmerreservationen wurden selbst erwirtschaftet. Geschafft hat der charmante Starhotelier das Wunder dank Talent und gesundem Menschenverstand. Und indem er die Einheimischen wieder ins Palace brachte.

RESTAURANTS
4, ausgezeichnet von Guide Bleu und Gault-Millau, Restaurant La Table d'Edgard mit 1 Michelin-Stern.

BUSINESSANGEBOT
14 Seminar-, Bankett- und Eventräumlichkeiten für bis zu 300 Personen. Infrastruktur und technische Hilfsmittel auf modernstem Stand.

SPA
Luxuriöse Wellnessoase auf 2100 m², Leading Spa of the World.

INTERNET
WLAN kostenlos.

ZAHLUNGSMÖGLICHKEITEN
Alle gängigen Kreditkarten.

STADTHOTELS

WIDDER HOTEL ★★★★★˜
DZ/F CHF 650.– bis 1050.–

8001 Zürich
Telefon +41 44 224 25 26
www.widderhotel.ch

RANG 6 — **VORJAHR RANG 8**

GASTGEBER
Jan E. Brucker

HOTEL
Das exklusive Luxushotel verteilt sich auf mehrere sorgfältig restaurierte historische Wohnhäuser und liegt mitten in der Zürcher Altstadt. Allein schon das verleiht ihm die Aura der Einzigartigkeit. Ein Gewinn ist der erweiterte und neu gestaltete Innenhof, der den Widder erst recht in eine Oase verwandelt. Die individuell gestalteten Zimmer und Suiten – einige mit romantischen Terrassen und Blick über die Dächer der Stadt – sind eine Wucht. Der Mix zwischen modernem Design und High Tech hinter uralten Mauern wirkt ungemein reizvoll. Kurz: Der Widder ist ein Hotelbijou für anspruchsvolle Individualisten und hat auch dank guter Führung zwei Plätze gewonnen.

RESTAURANTS
5, ausgezeichnet von Guide Bleu und Gault-Millau.

BUSINESSANGEBOT
8 Räumlichkeiten für Anlässe von 6 bis 300 Personen. Infrastruktur und technische Hilfsmittel auf modernstem Stand.

SPA
Fitnessraum; der Concierge kennt die besten Spa-Adressen.

INTERNET
WLAN kostenlos.

ZAHLUNGSMÖGLICHKEITEN
Alle gängigen Kreditkarten.

STADTHOTELS

FAIRMONT LE MONTREUX PALACE ★★★★★˘
DZ/F CHF 425.– bis 1069.–

1820 Montreux
Telefon +41 21 962 12 12
www.montreux-palace.ch

RANG 7

VORJAHR RANG 7

GASTGEBER
Michael Smithuis

HOTEL
Das am Genfersee gelegene Luxushotel hält sich seit über einem Jahrzehnt unter den besten Häusern der Schweiz. Die laufend renovierten, mit neuester Technik ausgestatteten Zimmer und Suiten sind – wie das ganze Hotel – auf verschiedene Geschmäcker ausgerichtet. Entsprechend unterschiedlich sind die Gäste. Abgestiegen sind hier auch schon Berühmtheiten wie Richard Strauss, Sophia Loren, Michail Gorbatschow oder Henri Kissinger und Musiker wie David Bowie, Carlos Santana und Michael Jackson. Das historische Gebäude, dessen Ursprung auf das Jahr 1837 zurückgeht, diente auch als Kulisse für bekannte Kinofilme. Bedauerlich, dass es im Palace noch immer kein Spitzenrestaurant gibt.

RESTAURANTS
3 (im Winter 2).

BUSINESSANGEBOT
14 Räumlichkeiten für Anlässe bis zu 1200 Personen. Infrastruktur und technische Hilfsmittel auf modernstem Stand.

SPA
2000 m², Leading Spa of the World.

INTERNET
WLAN kostenlos.

ZAHLUNGSMÖGLICHKEITEN
Alle gängigen Kreditkarten.

STADTHOTELS

GRAND HOTEL
LES TROIS ROIS ★★★★★˜
DZ/F CHF 590.– bis 765.–

4001 Basel
Telefon +41 61 260 50 50
www.lestroisrois.com

RANG 8

VORJAHR RANG 5

GASTGEBER
Reto Kocher

HOTEL
Über 150 Millionen Franken investierte der Basler Unternehmer Thomas Straumann vor acht Jahren in das verstaubte Hotel Drei Könige am Rhein. Entstanden ist ein Gesamtkunstwerk, das unter dem Namen Les Trois Rois eine neue Blütezeit erlebt und im Glanz vergangener Zeiten erstrahlt. Wer sich das Trois Rois etwas genauer ansieht, kommt kaum aus dem Staunen heraus ob all der Schönheiten, Raffinessen und Überraschungen, die sich hinter den historischen Mauern verbergen. Nachdem Straumann seine Verkaufsabsichten öffentlich gemacht hatte, blieb das Topniveau erfreulicherweise erhalten. Gastfreundschaft und Servicequalität sind nach wie vor Spitze.

RESTAURANTS
3, ausgezeichnet von Guide Bleu und Gault-Millau, Restaurant Cheval Blanc mit 2 Michelin-Sternen.

BUSINESSANGEBOT
7 Tagungsräume und ein wunderschöner Ballsaal. Infrastruktur und technische Hilfsmittel auf modernstem Stand.

SPA
Der Concierge kennt die besten Adressen.

INTERNET
WLAN kostenlos.

ZAHLUNGSMÖGLICHKEITEN
Alle gängigen Kreditkarten.

HÔTEL BEAU-RIVAGE *****˘
DZ / F CHF 850.– bis 1300.–

1201 Genf
Telefon +41 22 716 69 20
www.beau-rivage.ch

RANG 9
VORJAHR RANG 12

GASTGEBER
Ivan Rivier

HOTEL
Das 1865 erbaute Hotelmonument zählt zu den angesehensten und besten Adressen der Schweiz. Viele Berühmtheiten jeglicher Couleur haben in diesem charmanten, geschichtsträchtigen Haus gewohnt, in dem Diskretion und Verschwiegenheit gross geschrieben werden. Zu den zahlreichen gekrönten Häuptern, die im legendären Haus zur Jahrhundertwende wohnten und es bis heute aufsuchen, zählte einst auch die ermordete Kaiserin Sissi. Im Beau-Rivage herrscht eine einzigartige Atmosphäre von Ruhe und unaufdringlichem Luxus. Die blumengeschmückte Terrasse mit wunderbarer Aussicht ist ein Traum. Service und Gastfreundschaft sind kaum zu übertreffen.

RESTAURANTS
2, ausgezeichnet von Guide Bleu und Gault-Millau, Restaurant Le Chate-Botté mit 1 Michelin-Stern.

BUSINESSANGEBOT
Historische Veranstaltungsräume für Anlässe von 10 bis 350 Personen. Infrastruktur und technische Hilfsmittel auf modernstem Stand.

SPA
Massagen, Fitnessraum; der Concierge kennt die besten Spa-Adressen.

INTERNET
WLAN kostenlos.

ZAHLUNGSMÖGLICHKEITEN
Alle gängigen Kreditkarten.

STADTHOTELS

FOUR SEASONS HOTEL DES BERGUES *****˝
DZ/F CHF 810.– bis 1000.–

1201 Genf
Telefon +41 22 908 70 00
www.fourseasons.com/geneva

RANG 10 VORJAHR RANG 9

GASTGEBER
José Silva

HOTEL
Four Seasons (Bill Gates ist einer der grössten Aktionäre) betreibt weltweit über 70 Luxushotels und -resorts und nennt sich gern die «schönste Hotelkette der Welt». Wer das einzige Schweizer Hotel der Gruppe in Genf besucht, wird dem kaum widersprechen. Seit Four Seasons Dutzende von Millionen in das frühere Hotel Des Bergues investiert hat, ist der 1834 erbaute Palast im Herzen der Stadt zu einem Haus der Superlative geworden. Die edlen, eleganten Zimmer und Suiten sind im klassischen Stil des Hauses gehalten und an Luxus kaum zu überbieten. Die Mitarbeitenden sind (meist) so aufmerksam und professionell, wie man es in einem Top-Businesshotel erwarten darf.

RESTAURANTS
2, ausgezeichnet von Guide Bleu und Gault-Millau, Restaurant Il Lago mit 1 Michelin-Stern, neues japanisches Restaurant Izumi.

BUSINESSANGEBOT
Mehrere Räumlichkeiten für Anlässe bis 350 Personen. Infrastruktur und technische Hilfsmittel auf modernstem Stand.

SPA
1200 m², eröffnet 2013 mit herrlicher Sicht auf See und Berge, Fitness und Schwimmbad.

INTERNET
WLAN kostenlos.

ZAHLUNGSMÖGLICHKEITEN
Alle gängigen Kreditkarten.

STADTHOTELS

HOTEL BELLEVUE PALACE ★★★★★
DZ CHF 524.– bis 624.–

3000 Bern 7
Telefon +41 31 320 45 45
www.bellevue-palace.ch

RANG 11 VORJAHR RANG 10

GASTGEBER
Urs Bührer

HOTEL
Das Bellevue mit seiner Nähe zum Bundeshaus gilt als Hotel der Politiker, Diplomaten, Geschäftsleute und folglich auch der Journalisten. Das ist es zwar bis heute, doch ist das traditionsreiche Haus mittlerweile auch zur Topadresse für anspruchsvolle Touristen geworden. Und für die Berner. Die Öffnung des Hauses, der Abbau der Schwellenangst, ist eines der grossen Verdienste von Urs Bührer, dem Hotelier des Jahres 2013. Wer einmal auf der neuen Terrasse den Abend (und das Essen) genossen hat, wird wiederkommen. Denn nirgends ist die Sicht auf die Aare, auf Jungfrau, Mönch und Eiger so schön wie hier.

RESTAURANTS
1, ausgezeichnet von Guide Bleu und Gault-Millau.

BUSINESSANGEBOT
12 Veranstaltungsräume für 8 bis 400 Personen. Infrastruktur und technische Hilfsmittel auf modernstem Stand.

SPA
Fitnessraum, Sauna; der Concierge kennt die besten Spa-Adressen.

INTERNET
WLAN kostenlos.

ZAHLUNGSMÖGLICHKEITEN
Alle gängigen Kreditkarten.

STADTHOTELS

MANDARIN ORIENTAL ★★★★★˜
DZ/F CHF 890.– bis 1880.–

1201 Genf
Telefon +41 22 909 00 00
www.mandarinoriental.com/geneva

RANG 12
VORJAHR RANG 11

GASTGEBER
Lars Wagner

HOTEL
Die grosse Ära von Marco Torriani ist zu Ende. Doch das Mandarin Oriental bleibt auch unter seinem Nachfolger Lars Wagner eines der Top-Businesshotels in Europa. Neu ist der Mandarin Floor in der sechsten Etage mit 23 topmodernen Zimmern und Suiten. Design wurden sie von der Pariser Innenarchitektin Sybille de Margerie, die aus der Taittinger-Champagner-Dynastie stammt. Alle Räume verfügen über Balkone und bieten einen spektakulären Blick auf die Stadt, den See und die Berge. Grossartig und auf allerneustem Stand sind freilich auch die übrigen Zimmer und Suiten, die berühmt sind für ihre riesigen, luxuriösen Marmorbäder.

RESTAURANTS
2, ausgezeichnet von Guide Bleu und Gault-Millau, Restaurant Rasoi by Vineet mit 1 Michelin-Stern.

BUSINESSANGEBOT
10 Veranstaltungsräume für 10 bis 250 Personen. Infrastruktur und technische Hilfsmittel auf modernstem Stand.

SPA
Massagen, Kosmetik, Fitnesscenter.

INTERNET
WLAN kostenpflichtig.

ZAHLUNGSMÖGLICHKEITEN
Alle gängigen Kreditkarten.

STADTHOTELS

GRAND HOTEL KEMPINSKI GENEVA ★★★★★˜

DZ/F ab CHF 680.–

1211 Genf
Telefon +41 22 908 90 81
www.kempinski.com/geneva

RANG 13

VORJAHR RANG 14

GASTGEBER
Thierry Lavalley

HOTEL
Das aufwändig renovierte, direkt am See gelegene Kempinski ist selbst für Genfer Verhältnisse ein Hotel der Superlative. Die luxuriösen, mit verblüffender Technologie ausgerüsteten Zimmer bieten einen einzigartigen Blick über den See. Die 700 m² grosse Geneva Suite, die sich über zwei Etagen erstreckt, ist wohl die grösste (und schönste) in der Stadt. Service und Dienstleistungen sind perfekter und vor allem professioneller als in manch einem hochgelobten Tophotel in Südostasien. Die Handschrift des (in Paris wohnhaften) Schweizer Kempinski-Präsidenten Reto Wittwer ist überall erkennbar. Er hat auch in Genf alles unter Kontrolle.

RESTAURANTS
3, ausgezeichnet von Guide Bleu und Gault-Millau.

BUSINESSANGEBOT
10 Räumlichkeiten für Anlässe bis zu 1600 Personen, Ausstellungs- und Kongresshalle (5000 m²). Infrastruktur und technische Hilfsmittel auf modernstem Stand.

SPA
Exklusiver Wellnessbereich auf 1400 m².

INTERNET
WLAN kostenlos.

ZAHLUNGSMÖGLICHKEITEN
Alle gängigen Kreditkarten.

STADTHOTELS

ART DECO HOTEL
MONTANA ****˘

DZ / F CHF 250.– bis 560.–

6002 Luzern
Telefon +41 41 419 00 00
www.hotel-montana.ch

RANG 14
VORJAHR RANG 13

GASTGEBER
Fritz Erni

HOTEL
Der Besuch im Montana ist immer wieder ein Erlebnis. Die Louis-Jazzbar ist Treffpunkt für die ganze Region. Die Terrasse bietet einen umwerfenden Blick auf den See. Die Suiten im Dachgeschoss mit eigenem Whirlpool auf der Terrasse sind ein Traum, die Gastfreundschaft ist herzerfrischend. Dabei hatte es einst so trist ausgesehen. Das Montana war nach dem Zweiten Weltkrieg in Agonie verfallen. Erst zu Beginn der 90er-Jahre wurde es komplett renoviert und 1997 als Designhotel wiedereröffnet. Dass es seit Jahren das beste 4-Stern-Stadthotel im Land ist, liegt aber vor allem an Fritz Erni. Er schuf ein Gesamtkunstwerk, das Besucher aus aller Welt begeistert.

RESTAURANTS
1, ausgezeichnet von Guide Bleu und Gault-Millau.

BUSINESSANGEBOT
Mehrere Räumlichkeiten für Anlässe bis 100 Personen. Infrastruktur und technische Hilfsmittel auf modernstem Stand.

SPA
Day-Spa für Massagen und Beauty-Anwendungen.

INTERNET
WLAN kostenlos.

ZAHLUNGSMÖGLICHKEITEN
Alle gängigen Kreditkarten.

STADTHOTELS

HOTEL SCHWEIZERHOF BERN *****˜
DZ / F CHF ab 515.–

3001 Bern
Telefon +41 31 326 80 80
www.schweizerhof-bern.ch

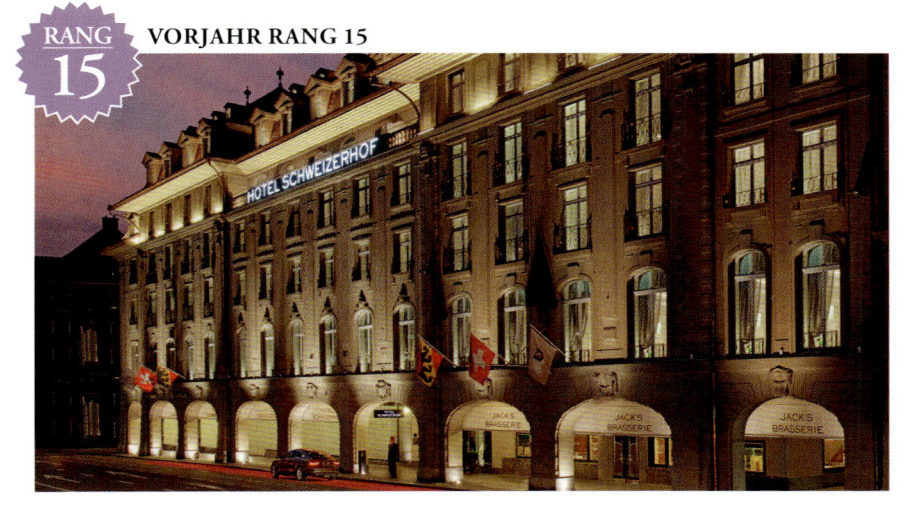

RANG 15
VORJAHR RANG 15

GASTGEBERIN
Iris Flückiger

HOTEL
Die knapp 100 Zimmer und Suiten mit prächtigen Badezimmern sind eine elegante Mischung aus Tradition und Modernität. Service und Professionalität lassen keine Wünsche offen. Zudem hat der Schweizerhof unverkennbar die Aura eines Hauses mit einer grossen (und bewegten) Geschichte. Albert Schweitzer, Peter Ustinov, Grace Kelly und viele andere Berühmtheiten haben hier schon logiert. Das vor drei Jahren nach umfassendem Umbau glanzvoll wiedereröffnete Hotel hat sich auf Anhieb einen festen Platz unter den besten Stadthotels im Land gesichert. Ob dies nach dem Abgang von Tophotelier Michael Thomann so bleibt, wird sich weisen.

RESTAURANTS
1, ausgezeichnet von Guide Bleu und Gault-Millau.

BUSINESSANGEBOT
11 Räumlichkeiten für Anlässe bis 430 Personen. Infrastruktur und technische Hilfsmittel auf modernstem Stand. Minibar (Softgetränke und Bier) inklusive.

SPA
Luxuriöse Wellness-Welt auf 500 m². Leading Spa of the World.

INTERNET
WLAN kostenlos.

ZAHLUNGSMÖGLICHKEITEN
Alle gängigen Kreditkarten.

STADTHOTELS

GRAND HOTEL DU LAC ★★★★★̃
DZ/F CHF 435.– bis 650.–

1800 Vevey
Telefon +41 21 925 06 06
www.hoteldulac-vevey.ch

RANG 16 VORJAHR RANG 19

GASTGEBER
Luc Califano

HOTEL
Das 1868 erbaute Hotel gehört zu den ältesten der Schweiz und hat eine bewegte Geschichte hinter sich. Nachdem es vom Pariser Stararchitekten Pierre-Yves Rochon komplett renoviert wurde, erhielt es den fünften Stern und schaffte vor einem Jahr erstmals den Sprung ins Rating der besten Stadthotels. Mit seinen bloss 50 aussergewöhnlich schönen Zimmern verfügt das Juwel am Genfersee über viel Privacy und Exklusivität, was die Gäste sehr zu schätzen wissen. Highlights der sympathischen Nobelherberge sind – neben der herzlichen Atmosphäre und der Ruhe – seine Terrassen, die herrliche Sicht über den See und ein prächtiger Garten.

RESTAURANTS
2, ausgezeichnet von Guide Bleu und Gault-Millau, Restaurant Les Saisons mit 1 Michelin-Stern.

BUSINESSANGEBOT
Verschiedene Räumlichkeiten für Anlässe bis zu 120 Personen. Infrastruktur und technische Hilfsmittel auf modernstem Stand.

SPA
Klein und fein auf 150 m².

INTERNET
WLAN kostenlos.

ZAHLUNGSMÖGLICHKEITEN
Alle gängigen Kreditkarten.

STADTHOTELS

RADISSON BLU HOTEL, ZURICH AIRPORT ★★★★˜
DZ / F CHF 200.– bis 495.–

8058 Zürich-Flughafen
Telefon +41 44 800 40 40
www.radissonblu.com/hotel-zurichairport

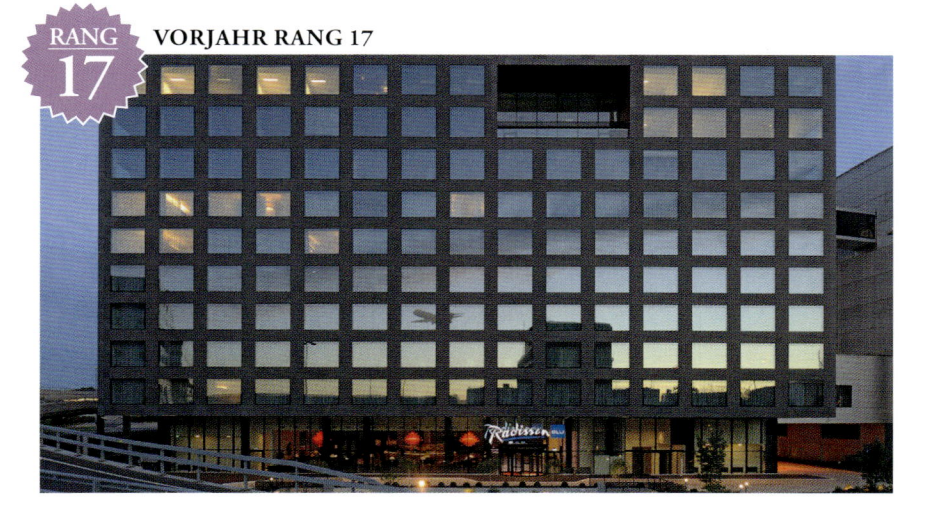

RANG 17
VORJAHR RANG 17

GASTGEBER
Werner Knechtli

HOTEL
Das vom weltgewandten Werner Knechtli souverän geführte Business- und Designhotel mit 330 topmodernen Zimmern ist mit dem Terminal 1 des Flughafens verbunden und liegt in unmittelbarer Nähe von Ankunft und Abflug. Spektakuläres Highlight in der Atriumlobby ist der 16 Meter hohe Wine Tower, der mit bis zu 4000 Flaschen Wein und Champagner bestückt werden kann. Begleitet von einer einzigartigen Lichtshow, werden die bestellten Flaschen von «fliegenden» Wein Angels elegant aus der Höhe heruntergebalanciert. Abends erfreuen die Angels die Gäste zudem mit artistisch-akrobatischen Showeinlagen.

RESTAURANTS
2

BUSINESSANGEBOT
52 Meeting- und Veranstaltungsräume auf 4232 m² (grösstes Angebot der Schweiz). Infrastruktur und technische Hilfsmittel auf modernstem Stand.

SPA
Im Untergeschoss des Hotels befindet sich das Airport-Fitness- und Wellnesscenter der Bad Zurzach AG (1600 m²). Pace-Fitnessclub (150 m²) mit Sauna, Dampfbad, Ruheraum und Blick auf den Wine Tower.

INTERNET
WLAN kostenlos.

ZAHLUNGSMÖGLICHKEITEN
Alle gängigen Kreditkarten.

STADTHOTELS

HOTEL ASTORIA
DZ / F CHF 240.–

6002 Luzern
Telefon +41 41 226 88 88
www.astoria-luzern.ch

RANG 18 VORJAHR RANG 18

GASTGEBER
Urs Karli und Thomas Kleber

HOTEL
Der charismatische Charmeur Urs Karli ist seit bald vier Jahrzehnten der erfolgreichste Quer- und Vordenker der Zentralschweizer Hotel- und Gastroszene. Das Astoria ist das Stammhaus seiner kleinen, feinen Hotelgruppe. 30 Millionen Franken investierte er vor sechs Jahren in den spektakulären neuen Hotel- und Seminartrakt, der von Herzog & de Meuron design wurde. Und auch in diesem Jahr steckte Urs Karli wieder sechs Millionen Franken in das architektonische Meisterwerk im Herzen Luzerns. 150 Zimmer wurden komplett renoviert und topmodern eingerichtet. Auch der Eingangsbereich und die Lobby überzeugen im neuen Look.

RESTAURANTS
3, ausgezeichnet von Guide Bleu und Gault-Millau. Der Thai Garden ist das beste und echteste Thai-Restaurant der Schweiz.

BUSINESSANGEBOT
14 verschiedene Räumlichkeiten für Anlässe bis zu 750 Personen. Infrastruktur und technische Hilfsmittel auf modernstem Stand, 1100 m^2 flexible Eventfläche.

SPA
An der Rezeption kennt man die besten Spa-Adressen.

INTERNET
WLAN kostenlos.

ZAHLUNGSMÖGLICHKEITEN
Alle gängigen Kreditkarten.

STADTHOTELS

THE HOTEL
Studios / F ab CHF 370.–

6002 Luzern
Telefon +41 41 226 86 86
www.the-hotel.ch

RANG 19
VORJAHR RANG 20

GASTGEBER
Urs Karli

HOTEL
Urs Karli, zu dessen Hotelreich The Hotel gehört, hatte schon immer ein Faible für aussergewöhnliche Architektur. Deshalb liess er den berühmten französischen Stararchitekten Jean Nouvel ein spektakuläres Designhotel entwerfen, das die Gäste bis heute begeistert. In The Hotel gleicht kein Raum dem andern, jeder erzählt eine Geschichte und entführt den Gast in eine andere Welt. Die märchenhafte Inszenierung verschiedener Filmszenen an den Decken und Wänden der Suiten und Studios erzeugt eine geradezu sinnliche Atmosphäre. Ein Traum sind die Penthouse-Suiten mit Terrassen im obersten Stock. Von dort ist der Blick über die Dächer Luzerns unübertrefflich.

RESTAURANTS
1, ausgezeichnet von GaultMillau.

BUSINESSANGEBOT
Es können die Einrichtungen des nebenan gelegenen Hotels Astoria genutzt werden.

SPA
An der Rezeption kennt man die besten Spa-Adressen.

INTERNET
WLAN kostenlos.

ZAHLUNGSMÖGLICHKEITEN
Alle gängigen Kreditkarten.

STADTHOTELS

RENAISSANCE ZÜRICH TOWER HOTEL *****
DZ / F CHF 235.– bis 365.–

8005 Zürich
Telefon +41 44 630 30 30
www.renaissancezurichtower.com

RANG 20 NEU

GASTGEBER
Peter Schickling

HOTEL
Das rund drei Jahre junge Lifestyle-Businesshotel liegt mitten im trendigen Stadtviertel Zürich West mit seinen berühmten Restaurants und Bars. Das Innendesign stammt unverkennbar von Claudio Carbone, dem es gelungen ist, Sinnlichkeit und Authentizität unter einen Hut zu bringen. Das Konzept ist bemerkenswert: Jedes Zimmer erzählt eine eigene Geschichte mit lokalem Bezug und ist mit allen Schikanen ausgestattet. Die Lichtakzente passen sich automatisch ans Wetter und die Tageszeit an, ein raffiniertes Farbenspiel schürt Emotionen. Nach einem kurzen (softwaremässigen) Durchhänger feiert das Renaissance ein starkes Comeback im Rating.

RESTAURANTS
1

BUSINESSANGEBOT
10 verschiedene Räumlichkeiten für Anlässe bis 335 Personen. Mit dem Event-Partner Maag Halle sind Events bis 4000 Personen möglich. Infrastruktur und technische Hilfsmittel auf modernstem Stand.

SPA
Sauna, Dampfbad und Fitness mit Panoramablick über Zürich.

INTERNET
WLAN kostenlos.

ZAHLUNGSMÖGLICHKEITEN
American Express und Visa.

SAVOY BAUR EN VILLE *****˜
DZ / F CHF 690.– bis 820.–

8022 Zürich
Telefon +41 44 215 25 25
www.savoy-baurenville.ch

RANG 21 VORJAHR RANG 16

GASTGEBER
Christina und Manfred Hörger

HOTEL
Die über 170-jährige Hoteldiva am Paradeplatz wird regelmässig unauffällig erneuert und präsentiert sich nach wie vor in Topform. Die Geschicke des Hauses leitet seit vielen Jahren der Perfektionist Manfred Hörger, ein Hotelier aus Leidenschaft. Aber wie lange noch? Entgegen allen Gerüchten steht die Legende Hörger nach wie vor an der Front. Und die Gäste freuts. Denn Hörger kennt ihre Vorlieben wie kein anderer. Auch dass er für sie rund um die Uhr erreichbar ist, ist weit herum bekannt. Eine Legende ist zudem die Hotelbar, wo mit Charles-André «Charly» Widmer ein Meister seines Fachs hinter der Theke steht.

RESTAURANTS
2, ausgezeichnet von Guide Bleu und Gault-Millau.

BUSINESSANGEBOT
Mehrere Räumlichkeiten für Anlässe bis 160 Personen. Infrastruktur und technische Hilfsmittel auf modernstem Stand.

SPA
Der Concierge kennt die besten Spa-Adressen.

INTERNET
WLAN kostenlos.

ZAHLUNGSMÖGLICHKEITEN
Alle gängigen Kreditkarten.

STADTHOTELS

HOTEL PRÉSIDENT WILSON ★★★★★˘
DZ CHF 850.– bis 944.–

1201 Genf
Telefon +41 22 906 66 66
www.hotelpresidentwilson.com

RANG 22 NEU

GASTGEBER
Charles Tamman

HOTEL
Das Luxushotel ist vor sechs Jahren unfreiwillig in die Schlagzeilen der Weltpresse geraten, als dort Gaddafi-Sohn Hannibal festgenommen wurde, was zu einer diplomatischen Krise zwischen der Schweiz und Libyen führte. Mittlerweile macht das Président Wilson wieder auf andere Weise von sich reden. Etwa durch das einzigartige Spa La Mer, das von den Promis aus aller Welt gelobt wird. Oder durch seine phantastische Lage direkt am See mit herrlichem Blick auf das Mont-Blanc-Massiv. Die luxuriösen Zimmer und Suiten wurden vor kurzem renoviert und sind mit faszinierender Technik ausgestattet. Was leider nicht immer ganz mithält, ist die Servicequalität.

RESTAURANTS
3, ausgezeichnet von GaultMillau, Restaurant Bayview mit 1 Michelin-Stern.

BUSINESSANGEBOT
12 verschiedene Räumlichkeiten für Anlässe bis zu 1000 Personen. Infrastruktur und technische Hilfsmittel auf modernstem Stand.

SPA
400 m^2, Spa La Mer und Aussenpool.

INTERNET
WLAN kostenlos.

ZAHLUNGSMÖGLICHKEITEN
Alle gängigen Kreditkarten.

STADTHOTELS

STORCHEN ZÜRICH ****~
DZ / F CHF 600.– bis 850.–

8001 Zürich
Telefon +41 44 227 27 27
www.storchen.ch

RANG 23 NEU

GASTGEBER
Jörg Arnold

HOTEL
Der im Herzen der Zürcher Altstadt direkt an der Limmat gelegene Storchen ist ein Juwel. Zu verdanken ist das seiner Besitzerin Hortense Anda-Bührle, die einen zweistelligen Millionenbetrag ins Facelifting des Hotels gesteckt hat. Die Unternehmerin, Kunstsammlerin und Mäzenin kann es sich leisten. Sie entstammt der Industriellenfamilie Bührle, ist unter anderem Mitinhaberin einer Privatbank und verfügt über ein Vermögen von mehreren hundert Millionen Franken Und sie liebt den Storchen ebenso wie ihre Gäste, unter denen sich ausgesprochen viele grosse Namen aus Politik, Wirtschaft und Showbiz aus aller Welt finden. Leute eben, die Hotels mit dem gewissen Etwas lieben.

RESTAURANTS
1

BUSINESSANGEBOT
Mehrere stilvolle Räumlichkeiten für Anlässe bis 120 Personen. Technische Hilfsmittel stehen zur Verfügung.

INTERNET
WLAN kostenlos.

ZAHLUNGSMÖGLICHKEITEN
Alle gängigen Kreditkarten.

STADTHOTELS

RENAISSANCE LUCERNE HOTEL ★★★★
DZ/F ab CHF 255.–

6002 Luzern
Telefon +41 41 226 87 87
www.renaissance-luzern.ch

RANG 24 NEU

GASTGEBER
Urs Karli und Stefan Bischoff

HOTEL
Mit der liebevollen und aufwändigen Renovation des früheren Hotels Schiller, das wie das Astoria und The Hotel mitten im Herzen der Stadt liegt, landete Urs Karli seinen jüngsten Coup. Historisches Flair und modernste Technik bilden hier einen faszinierenden Mix. Und die Gastfreundschaft der kompetenten, bestens geschulten Mitarbeitenden ist herzerfrischend. So eben, wie man sich das in den Häusern von Urs Karli gewohnt ist. Faszinierend und typisch für die Philosophie des Besitzers ist auch die gastronomische Erlebniswelt im Renaissance. Das Restaurant Pacifico, die Bar Blue und der Club Casablanca zählen zu den In-Places in der Stadt.

RESTAURANTS
1

BUSINESSANGEBOT
Businesscenter (rund um die Uhr geöffnet), mehrere Veranstaltungsräumlichkeiten. Modernste Technik.

INTERNET
WLAN kostenlos.

ZAHLUNGSMÖGLICHKEITEN
Alle gängigen Kreditkarten.

STADTHOTELS

ROMANTIK HOTEL STERN ★★★
DZ / F CHF 210.– bis 350.–

7000 Chur
Telefon +41 81 258 57 57
www.stern-chur.ch

RANG 25 NEU

GASTGEBER
Adrian K. Müller

HOTEL
Adrian K. Müller war ein Star der Welthotellerie. Als General Manager führte er das Luxushotel Shangri-La in Bangkok und war vor acht Jahren aussichtsreichster Kandidat für die Nachfolge des legendären Kurt Wachtveitl im noch legendäreren Oriental Bangkok. Doch dann überraschte Müller alle: Er kaufte das Hotel Stern in Chur, wo er einst die Lehre gemacht hatte. Der Stern, ein Stück Churer Kulturgeschichte, hatte wechselhafte Jahrzehnte hinter sich und lag ziemlich am Boden. Der Heimweh-Churer Müller legte sich mit beispiellosem Elan ins Zeug und machte aus dem Stern ein Bijou der Schweizer 3-Stern-Stadthotellerie. Eine wunderbare Oase im Herzen der Hotelwüste Chur.

RESTAURANTS
1, ausgezeichnet von GaultMillau.

BUSINESSANGEBOT
Mehrere Räumlichkeiten für Anlässe von 10 bis 60 Personen. Technische Hilfsmittel stehen zur Verfügung.

INTERNET
WLAN kostenlos.

ZAHLUNGSMÖGLICHKEITEN
Alle gängigen Karten ausser Diners.

DIE 15 BESTEN
FAMILIEN-
HOTELS

FAMILIENHOTELS

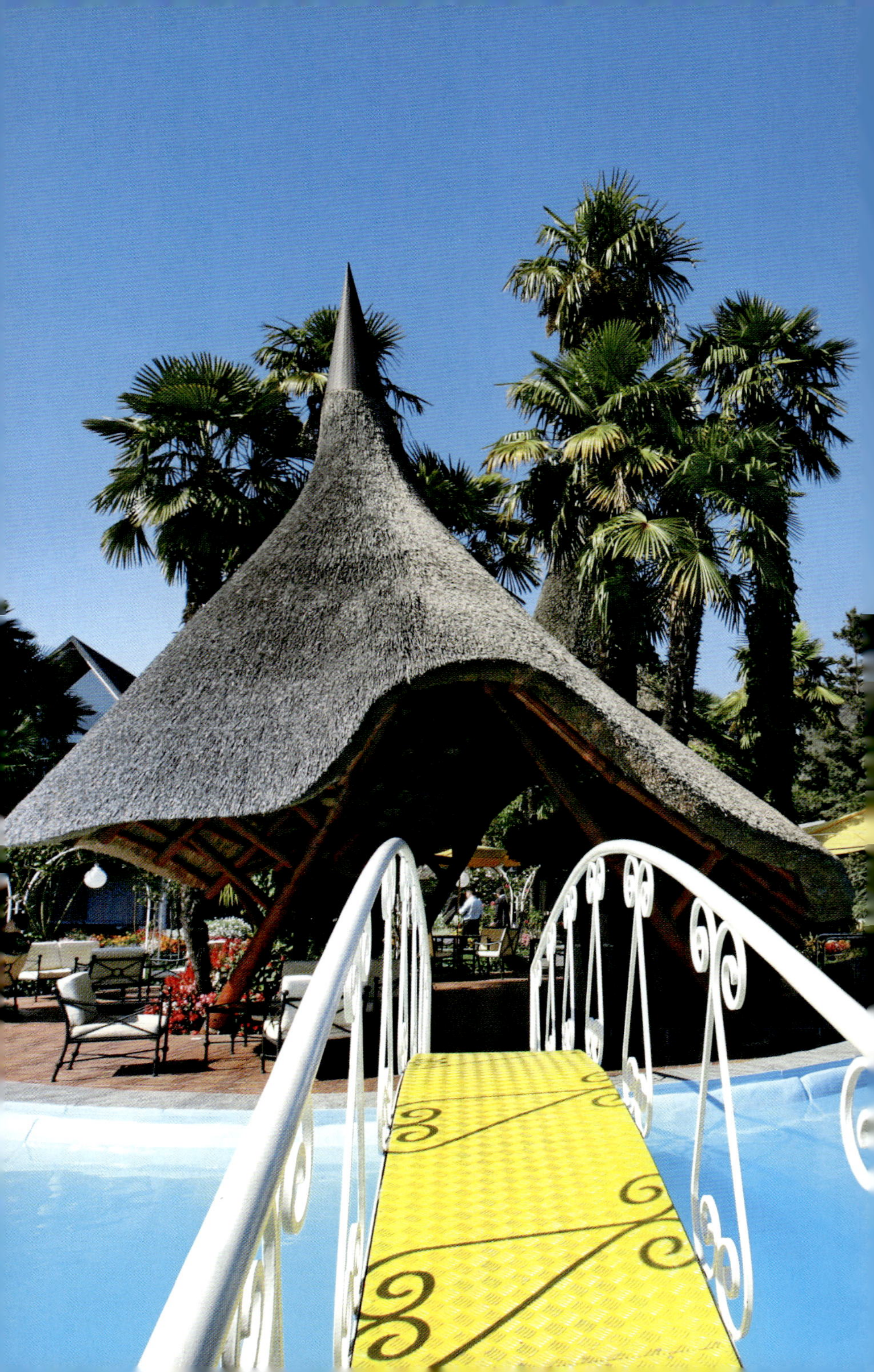

FAMILIENHOTELS

ALBERGO LOSONE
Familienzimmer / F ab CHF 530.–

6616 Losone-Ascona
Telefon +41 91 785 70 00
www.albergolosone.ch

RANG 1

VORJAHR RANG 1

GASTGEBER
Diego Glaus

HOTEL
Das Hotel mit Karibik-Flair im grössten Palmengarten der Schweiz blüht so schön wie nie zuvor. Und der kreative Starhotelier Diego Glaus hat sich wieder einiges einfallen lassen. So hat zum Beispiel die Tessiner Vogelwarte neu ihren Sitz im Albergo. In dieser Rettungsstation werden verletzte Vögel betreut, ernährt und wieder freigelassen – was nicht bloss die Kinder begeistert. Und wer lieber mit der Bahn ins Tessin fährt, kann sein Auto samt Gepäck von einem Chauffeur ins Hotel fahren lassen. Weitere Renner bei den Gästen (darunter viele Promis aus dem Showbiz): die Schönwetterversicherung, die Segway-Elektrorollerflotte und das Kino mit dem Kultfilm Ticino Experience.

RESTAURANTS
2

FREIZEITANGEBOT
Alle Sommersportarten, eigener 9-Loch-Golfplatz, 18-Loch-Golfplatz in unmittelbarer Nähe. Kinder: Betreuung von 3 bis 13 Jahren bis mindestens 21.30 Uhr, Spielzimmer, alte Dampflokomotive, Eisenbahnwagen als Kinderrestaurant, Knie-Zirkuswagen als Hotelzimmer, Beachvolleyballfeld, kleiner Bauernhof, Ponyreiten, Kinderfahrräder usw.

SPA
Klein und fein auf 180 m².

INTERNET
WLAN kostenlos.

ZAHLUNGSMÖGLICHKEITEN
Alle gängigen Kreditkarten ausser Diners.

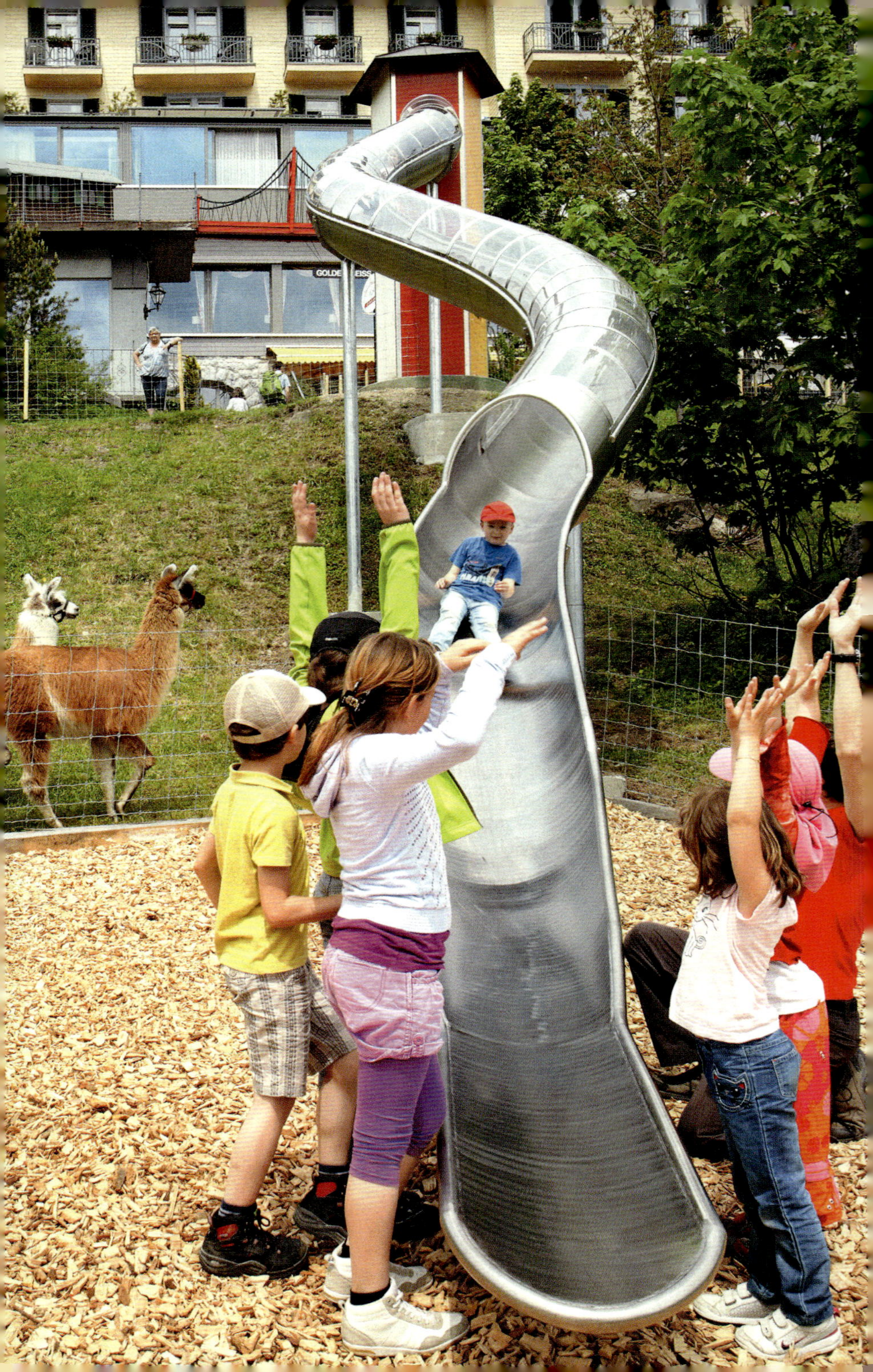

FAMILIENHOTELS

MÄRCHENHOTEL BELLEVUE ****
Familienzimmer / F ab CHF 350.–

8784 Braunwald
Telefon +41 55 653 71 71
www.maerchenhotel.ch

RANG 2
VORJAHR RANG 2

GASTGEBER
Nadja und Patric Vogel

HOTEL
Seit drei Jahren führen Patric und Nadja Vogel das von den Eltern aufgebaute Märchenhotel. Sie tun es nicht bloss mit derselben Begeisterung wie die Generation zuvor, sondern auch mit durchschlagendem Erfolg. Das Jahr 2013 brachte Gäste- und Umsatzsteigerungen im zweistelligen Bereich, und das märchenhafte Produkt wird laufend verbessert und weiter entwickelt. Das auf die vergangene Wintersaison hin eröffnete neue Erlebnisbad (Kosten: zwei Millionen Franken) ist ein Hit, und soeben wurden auch die Lounge-Terrasse und der Gartenbereich um den Infinity-Outpool neu gestaltet und ausgebaut. Das Märchenhotel rückt der Spitze immer näher.

RESTAURANTS
1

FREIZEITANGEBOT
Gute Sommer- und Wintersportmöglichkeiten. Kinder: täglich ein Märchen vom Direktor, Hüpfburg und Rutschbahn, Hallenbad mit Kletterparcours, Geissen auf der Hängebrücke, hoteleigene 15-Meter-Kletterwand, Märchenweg usw.

SPA
Wellness auf 600 m² plus ein Familienspa mit Sauna und Dampfbad. Erlebnisbad mit Innen- und Aussenpool, Kinder- und Babyplanschbecken, Wasserrutschbahn (20 m).

INTERNET
WLAN kostenlos.

ZAHLUNGSMÖGLICHKEITEN
Visa, Mastercard, American Express, Maestro.

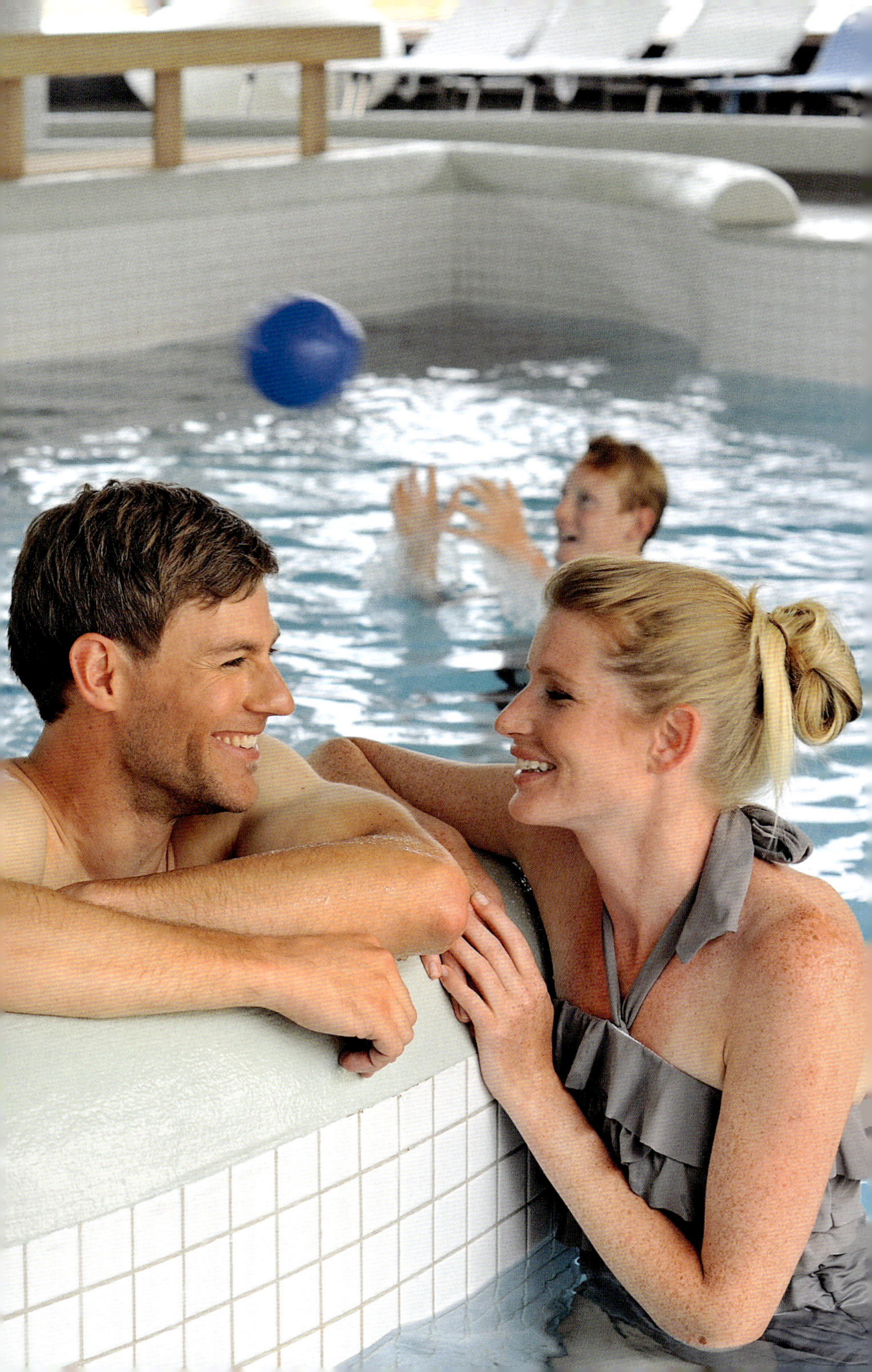

FAMILIENHOTELS

SCHWEIZERHOF ★★★★˜
Familienzimmer / F ab CHF 470.–

7078 Lenzerheide
Telefon +41 81 385 25 25
www.schweizerhof-lenzerheide.ch

RANG 3
VORJAHR RANG 3

GASTGEBER
Claudia und Andreas Züllig-Landolt

HOTEL
Als Claudia und Andreas Züllig den Schweizerhof übernahmen, hatte das Krisenhaus mehrere Besitzerwechsel hinter sich. Das war vor über 20 Jahren, und seither schreiben die Zülligs eine einzige Erfolgsstory. Sie bauten um, kauften dazu, renovierten und eröffneten im Hotel schliesslich das grösste Hamam im Alpenraum. Heute ist der im Dorfzentrum gelegene Schweizerhof ein modernes und trotzdem ungemein gemütliches Design- und Lifestylehotel mit viel Alpenchic, aber ohne jeglichen Kitsch. Und mit ungewöhnlich kreativen Angeboten wie den Science-Lab-Wochen für Kinder, attraktiven Familienangeboten und neuen Well-Aging-Programmen im Spa.

RESTAURANTS
5

FREIZEITANGEBOT
Alle Sommer- und Wintersportmöglichkeiten, 18-Loch-Golfplatz in der Nähe. Kinder: Betreuung ab 2 Jahren, Spielabende von 19 bis 21 Uhr, betreutes Abendessen, Familienwellness, Zauberwoche, Spielwoche, Science-Lab-Wochen, Familienangebot «Globi und die Detektive», «Sommerkulturgut» (begleitete Ausflüge) usw.

SPA
1500 m², grösster Hamam (400 m²) in den Bergen (Architektur: Max Dudler / Kunst: Mayo Bucher), Well-Aging-Angebote.

INTERNET
WLAN kostenlos.

ZAHLUNGSMÖGLICHKEITEN
Alle gängigen Kreditkarten.

PRIVATE SELECTION HOTELS
zauberhaft persönlich

FAMILIENHOTELS

VALBELLA INN RESORT ★★★★˘
Familienzimmer / F ab CHF 360.–

7077 Valbella
Telefon +41 81 385 08 08
www.valbellainn.ch

RANG 4
VORJAHR RANG 7

GASTGEBER
Ramona und Thomas Vogt

HOTEL
Das Valbella Inn nennt sich neu Valbella Inn Resort. Und das zu Recht, denn die schön gelegene Anlage konnte um das benachbarte Hotel Panorama erweitert werden. Das etwas verstaubte 3-Stern-Hotel wurde von den Eigentümern des Valbella Inn, der Familie Christiansen (Gründer und Besitzer des Spielwarenkonzerns Lego), gekauft, während acht Monaten komplett renoviert und dem Stammhaus angegliedert. Das Resort umfasst nun drei Häuser und bietet ein Ferienerlebnis erster Güte. Obwohl das Angebot für Kinder auf total 450 m² beispiellos ist, positioniert man sich nicht als Kinderhotel, sondern als Familienhotel für drei Generationen. Und das mit Erfolg.

RESTAURANTS
2

FREIZEITANGEBOT
Alle Sommer- und Wintersportmöglichkeiten. Im Hotelpark Tennis, Boccia, Minigolf, Tischtennis und Gartenschach. 18-Loch-Golfplatz in der Nähe. Kinder: Betreuung (ab 2 Jahren), Kid's Inn von Lego Group, 2 Kinderländer auf insgesamt 400 m² (betreut), Familienbad, Spielplatz, angrenzende Skilifte, Langlaufloipen und Skischule Kinderland.

SPA
2 Wellnessbereiche auf total 1150 m².

INTERNET
WLAN kostenlos.

ZAHLUNGSMÖGLICHKEITEN
Alle Kreditkarten ausser American Express.

FAMILIENHOTELS

HOTEL LA GINABELLE ★★★★˜
Familienzimmer / F ab CHF 395.–

3920 Zermatt
Telefon +41 27 966 50 00
www.la.ginabelle.ch

RANG 5
VORJAHR RANG 5

GASTGEBER
Familie Abgottspon-Schell

HOTEL
Das gastfreundliche La Ginabelle mit seinen ausgesprochen komfortablen, gemütlichen Familienappartements und hervorragender Infrastruktur ist die Zermatter Topadresse für Familienferien. Die Besitzerfamilie Abgottspon investiert nicht bloss viel Herzblut in ihre Alpenperle, sondern auch viel Geld. So wurde in den vergangenen Jahren namentlich die exklusive Beauty- und Vitalwelt – sie zählt zu den schönsten im Wallis – laufend ausgebaut, was von den Familien ebenso geschätzt wird wie von den übrigen Gästen. Eigentlich ist in diesem Hotel alles top, von der Hardware über Service und Gastfreundschaft bis zum Wohlfühlfaktor.

RESTAURANTS
1

FREIZEITANGEBOT
Alle Sommer- und Wintersportmöglichkeiten, 9-Loch-Golfplatz in der Region. Kinder: Kinder- und Jugendclub, Betreuung ab 2½ Jahren, Wolli-Kinderanimation, Hochseilgarten usw.

SPA
850 m², eigenes Kinderspa.

INTERNET
WLAN kostenlos.

ZAHLUNGSMÖGLICHKEITEN
Visa, American Express, Mastercard.

FAMILIENHOTELS

HOTEL SARATZ ****~
Familienzimmer / F ab CHF 536.–

7504 Pontresina
Telefon +41 81 839 40 00
www.saratz.ch

RANG 6

VORJAHR RANG 4

GASTGEBER
Anuschka und Thierry Geiger-Starkloff

HOTEL
Im kommenden Jahr wird das Hotel 150 Jahre alt. Das soll gebührend gefeiert werden, denn von den vielen Schweizer Hotelmärchen zählt jenes vom Saratz zu den eindrücklichsten und schönsten. Nachdem es in frühen Jahren eines der besten Hotels der Schweiz war, verstaubte es nach dem Zweiten Weltkrieg zusehends und schien dem Untergang geweiht. In den 90er-Jahren entschied sich die Familie Saratz in fünfter Generation zum Schritt nach vorn. Mehrere Dutzend Millionen wurden investiert, und Adrian Stalder, der erste Gastgeber im neuen Saratz, machte es zum Kulthotel. Als er ging, erlebte das Haus einen kurzen Durchhänger, hat sich jetzt aber erfreulich gut aufgefangen.

RESTAURANTS
3, ausgezeichnet von Guide Bleu und Gault-Millau.

FREIZEITANGEBOT
Alle Sommer- und Wintersportmöglichkeiten, 18-Loch-Golfplatz in der Nähe. Kinder: Spielparadies (ab 3 Jahren), Geburtstagsabenteuer, Teeniecorner (ab 10 Jahren) mit Playstation, X-Box, Computer, Kicker, Teenie-Disco usw.

SPA
450 m².

INTERNET
WLAN kostenlos.

ZAHLUNGSMÖGLICHKEITEN
Visa, American Express, Mastercard, EC, Maestro, Postcard, Diners, Bonus Card.

PRIVATE SELECTION HOTELS
zauberhaft persönlich

SHERATON DAVOS HOTEL WALDHUUS ★★★★˜

Familienzimmer / F ab CHF 320.–

7270 Davos
Telefon +41 81 417 93 33
www.sheratondavoshotelwaldhuus.com

RANG 7 — VORJAHR RANG 9

GASTGEBER
Urs Lienhard

HOTEL
Das idyllisch direkt am Waldrand gelegene Familienhotel mit herrlicher Aussicht zählt seit vielen Jahren zu den besten Häusern in Davos. Der Komplex besteht aus dem Stammhaus mit schönen Zimmern im Bündner Stil (Arvenholz) sowie 60 familienfreundlichen Wohneinheiten im neuen Flügel. Das Waldhuus ist übrigens das einzige im Chaletstil erbaute Hotel in der Alpenstadt, was ihm eine gewisse Exklusivität verleiht. Soeben wurden das Restaurant, das Stübli sowie zwei weitere Räume sehr schön renoviert. Mit seinen Ideen bringt der neue Gastgeber Urs Lienhard einen frischen Wind ins Hotel, was ihm durchaus gut tut.

RESTAURANTS
1

FREIZEITANGEBOT
Alle Sommer- und Wintersportmöglichkeiten, Minigolf, 18-Loch-Golfplatz direkt neben dem Hotel. Kinder: Betreuung (ab 3 Jahren), Spielplatz, Jugendraum, Globi Kids Club, Kinderbuffet, leihweise Babyutensilien.

SPA
700 m².

INTERNET
WLAN im Zimmer kostenpflichtig.

ZAHLUNGSMÖGLICHKEITEN
Visa, American Express, Mastercard, Diners, EC.

FAMILIENHOTELS

KIRCHBÜHL ★★★★
Familienzimmer ab CHF 415.–

3818 Grindelwald
Telefon +41 33 854 40 80
www.kirchbuehl.ch

RANG 8 VORJAHR RANG 10

GASTGEBER
Vera und Christian Brawand-Küng

HOTEL
Ein schön gelegener, gastfreundlicher Familienbetrieb wie aus dem Bilderbuch, der in vierter Generation von Christian und Vera Brawand geführt wird. Die Familienappartements in den umliegenden separaten Chalets sind komfortabel und gemütlich, der Blick auf Wetterhorn, Grindelwald-Gletscher und die Eiger-Nordwand ist unvergleichlich. Dank ständigen Renovationen ist das Kirchbühl heute eines der besten Viersternhotels im Berner Oberland. Die Zimmer haben etappenweise ein sanftes Facelifting erhalten. Zusätzliche Attraktivität erhält das Haus dank seinen Gästeprogrammen, die laufend ausgebaut und verfeinert werden.

RESTAURANTS
3, ausgezeichnet von Guide Bleu.

FREIZEITANGEBOT
Alle Sommer- und Wintersportarten, Eigerness, Biketouren, Bergsteiger-Stammtisch, Gratiseintritt ins Sportzentrum. Kinder: Spielzimmer, Spielplatz, Kinderhorte in den Skigebieten, Betreuung auf Anfrage.

SPA
180 m².

INTERNET
WLAN kostenlos.

ZAHLUNGSMÖGLICHKEITEN
Visa, American Express, Mastercard, Postcard.

PRIVATE SELECTION HOTELS
zauberhaft persönlich

FAMILIENHOTELS

SWISS HOLIDAY PARK ★★★★
Familienzimmer / F ab CHF 400.–

6443 Morschach
Telefon +41 41 825 50 50
www.shp.ch

RANG 9 — VORJAHR RANG 8

GASTGEBER
Walter Trösch

HOTEL
Der Swiss Holiday Park liegt wunderschön oberhalb des Vierwaldstättersees und ist der grösste Ferien- und Freizeitpark der Schweiz. In diesem Familien-, Wellness- und Erlebnisparadies für drei Generationen werden so gut wie alle Wünsche erfüllt. Jüngstes Highlight ist der Bauernhof Fronalp, ein Schaubauernhof, der in den Swiss Holiday Park integriert wurde. Auf Führungen erlebt man dort alles hautnah mit: Milchproduktion und -verarbeitung, Obstverarbeitung, Pony und Pferde, Kleintiere wie Ziegen und Hasen und einiges mehr. Soeben sind auch mehrere Familienzimmer sehr schön renoviert worden. Und die neuen Familienangebote sind äusserst interessant.

RESTAURANTS
4

FREIZEITANGEBOT
Enorme Auswahl an Sport- und Spielmöglichkeiten im Park. Kinder: Kid's Club, Kinder-Kartschule, Spielwald, Kinderbereich und Felsenlandschaft im Erlebnisbad, Kinderbowling, Kinderklettern, Kindergeburtstag usw.

SPA
1200 m².

INTERNET
WLAN im Hotel und Freizeitpark kostenlos.

ZAHLUNGSMÖGLICHKEITEN
Alle gängigen Kreditkarten, Reka-Checks.

FAMILIENHOTELS

BODMI ★★★˘
Familienzimmer / F ab CHF 438.–

3818 Grindelwald
Telefon +41 33 853 12 20
www.bodmi.ch

RANG 10

VORJAHR RANG 17

GASTGEBER
Elisabeth und Kurt Kaufmann Gisler

HOTEL
Vor gut 20 Jahren konnte das schmucke Chalethotel die ersten Gäste begrüssen. Viele kamen und kommen seither immer wieder, was schon viel über das gut geführte Haus aussagt. Die treuen Stammgäste wissen nicht zuletzt zu schätzen, dass das Bodmi ausschliesslich Individualgäste, aber keine Gruppen beherbergt. Elisabeth und Kurt Kaufmann investieren Jahr für Jahr für ihre Verhältnisse ansehnliche Summen, um ihr Hotel stets auf dem neusten Stand zu halten. Es lohnt sich: Die grosszügigen (Familien-)Zimmer, Appartements und Juniorsuiten sind auf überdurchschnittlichem Dreisternniveau. Bemerkenswert ist auch das gute Preis-Leistungs-Verhältnis.

RESTAURANTS
1

FREIZEITANGEBOT
Alle Sommer- und Wintersportmöglichkeiten. Kinder: verschiedene attraktive Angebote.

SPA
120 m² mit Blick in den Ziegenstall.

INTERNET
WLAN kostenlos.

ZAHLUNGSMÖGLICHKEITEN
Alle gängigen Kreditkarten.

FAMILIENHOTELS

DORINT RESORT BLÜEMLISALP

Familienzimmer / F ab CHF 280.–

3803 Beatenberg
Telefon +41 33 841 41 11
http://hotel-interlaken.dorint.com

RANG 11

VORJAHR RANG 13

GASTGEBER
Rob Bruijstens

HOTEL
Das Dorint Resort liegt auf einer fast 1200 Meter hohen Sonnenterrasse hoch über Interlaken in einem prächtigen Naturparadies, die Eiger-Nordwand ist zum Greifen nah. Die deutsche Dorint-Gruppe mit rund 40 Hotels und Resorts in Europa nimmt für sich in Anspruch, Wohlfühlatmosphäre und Qualität zu liefern, was auf der wunderbaren Blüemlisalp durchaus der Fall ist. Gewissen Zimmern täte gelegentlich eine kleine Auffrischung gut, doch ist alles vorhanden, was in einem Viersternhotel erwartet werden darf. Rob Bruijstens, ein Vollprofi, hat das kinderfreundliche Haus fest im Griff. Die Mitarbeitenden sind zuvorkommend und kompetent.

RESTAURANTS
2

FREIZEITANGEBOT
Alle Sommer- und Wintersportmöglichkeiten. Kinder: bis zum 11. Lebensjahr gratis (inklusive Frühstück), gestufte Rabatte auf Halbpensions- und A-la-carte-Preisen, Geschenk bei der Anreise, Indoor-Spielbereich (in der Hochsaison betreut), Spielplatz, Minigolf, Tischtennis, Billard.

SPA
500 m².

INTERNET
WLAN in den Zimmern gratis.

ZAHLUNGSMÖGLICHKEITEN
Visa, American Express, Eurocard, Mastercard, Postcard, EC.

FAMILIENHOTELS

PARKHOTEL SCHOENEGG ★★★ˇ
Familienzimmer / F ab CHF 420.–

3818 Grindelwald
Telefon +41 33 854 18 18
www.parkhotelschoenegg.ch

RANG 12
VORJAHR RANG 14

GASTGEBER
Anja und Thomas Stettler

HOTEL
Das Parkhotel Schoenegg mit seinem fröhlich-freundlichen Ambiente hebt sich wohltuend vom nicht eben berauschenden Durchschnittsniveau der helvetischen Dreisternhotellerie ab. Das von der Besitzerfamilie Stettler mit viel Engagement geführte Haus bietet in mancher Hinsicht gar den Komfort und die Dienstleistungen eines 4-Stern-Hotels. Sympathien sammelt das Schoenegg schon bei der Anfahrt, die durch eine prächtige Parkanlage mit Wasserfall und Alpinum zum Hotel führt. Die modern-traditionell eingerichtete Hotelhalle mit Cheminée, Bar und Billardtisch ist ein weiteres Highlight. Besonders gelungen sind die schmucken Chaletzimmer.

RESTAURANTS
2

FREIZEITANGEBOT
Alle Sommer- und Wintersportmöglichkeiten, Stammgästewochen mit geführten Wanderungen, Besichtigungen, Sagen-Lesungen usw. Kinder: Spielzimmer.

SPA
600 m².

INTERNET
WLAN kostenlos.

ZAHLUNGSMÖGLICHKEITEN
Visa, American Express, Mastercard, Maestro, Diners, Postcard.

PANORAMA KIDS HOTEL ALPHUBEL ★★★

Familienzimmer / F ab CHF 275.–

3906 Saas-Fee
Telefon +41 27 958 63 63
www.hotelalphubel.ch

RANG 13

VORJAHR RANG 15

GASTGEBER
Familie Supersaxo

HOTEL
Die Alphubel-Besitzerfamilie mit Godi Supersaxo an vorderster Front zählt zu den dynamischen und umtriebigen in der Region. Und erfolgreich ist sie auch. Ihr Kidshotel an ruhiger Lage mit prächtiger Aussicht ist aus Saas-Fee nicht hinwegzudenken. Ein Hit sind die von Familienmitgliedern inszenierten Animationen, die Spiel-, Unterhaltungs- und Folkloreabende. Gleichzeitig ist das sympathische Erlebnishotel aber auch eine Oase der Ruhe mit herrlichem Panoramagarten und einer Sonnenterrasse, die einen phantastischen Blick auf 13 Viertausender freigibt. 2014 feiert das Hotel seinen 75. Geburtstag und präsentiert sich rechtzeitig in Hochform.

RESTAURANTS
2

FREIZEITANGEBOT
Alle Sommer- und Wintersportmöglichkeiten, Alphornschule mit Urkunde, Saaser Dialektkurs. Kinder: Betreuung ab 2 Jahren, Kid's Club GoSulino mit Ristorante, Pizzaplausch, Kinderparty.

SPA
In Planung.

INTERNET
WLAN kostenlos.

ZAHLUNGSMÖGLICHKEITEN
Alle gängigen Kreditkarten.

FAMILIENHOTELS

HOTEL ALPENLAND ***
Familienzimmer/F ab CHF 280.–

3782 Lauenen bei Gstaad
Telefon +41 33 765 91 34
www.alpenland.ch

RANG 14
VORJAHR RANG 19

GASTGEBERIN
Yvonne Blatter

HOTEL
Das Hotel Alpenland mit seinen 20 rustikalen, schönen Zimmern und dem typischen Blumenschmuck auf den Balkonen ist ein perfektes Ferienhotel für Familien. Es grenzt direkt an ein Naturschutzgebiet und bietet einen herrlichen Blick auf die Bergwelt. Die Atmosphäre ist familiär, gemütlich und trotzdem irgendwie stilvoll. Yvonne Blatter, eine geborene Gastgeberin, trägt gemeinsam mit ihrem gut eingespielten Team viel dazu bei, dass der Aufenthalt in diesem Wohlfühlhotel zu einem (Natur-)Erlebnis wird – auch ohne Wellness. Eine besondere Freude ist das exzellente Preis-Leistungs-Verhältnis.

RESTAURANTS
1

FREIZEITANGEBOT
Alle Sommer- und Wintersportarten, Pferdekutschenfahrten, volkstümliche Unterhaltungsabende, 18-Loch-Golfplatz in der Nähe. Kinder: Spielplatz, Spielzimmer, Bauernhof mit Kleintieren, Kinderskischule neben dem Hotel.

INTERNET
WLAN kostenlos.

ZAHLUNGSMÖGLICHKEITEN
Visa, American Express, Diners, Mastercard.

FAMILIENHOTELS

LA CAMPAGNOLA ★★★
Familienzimmer / F ab CHF 260.–

6575 Vairano
Telefon +41 91 785 25 00
www.campagnola.ch

RANG 15 — VORJAHR RANG 16

GASTGEBER
Nicole und Stefano Zoppé

HOTEL
La Campagnola ist ein Schmuckstück der Tessiner Dreisternhotellerie und versetzt den Gast unweigerlich in schönste Ferienstimmung. Das Haus liegt grossartig inmitten einer mediterranen Parkanlage hoch über dem Lago Maggiore. Die Sicht auf den See und die Alpen ist atemberaubend, die Zimmer und grosszügigen Appartements sind komfortabel eingerichtet. Kompliment an die liebenswerten Leute, die in diesem Haus arbeiten: Sie lesen dem Gast jeden Wunsch von den Augen ab. Manchmal meint man es auch etwas zu gut, und es kommt nicht ganz so heraus wie gewünscht. Doch das lässt sich hier grosszügig übersehen.

RESTAURANTS
2 (1 Grotto).

FREIZEITANGEBOT
Alle Sommersportmöglichkeiten, Minigolf, Boccia, Tischtennis, wöchentliche Live-Musikevents, kulinarische Events. Kinder: Betreuung (ab 3 Jahren), Streichelzoo, Kindermassagen, Kinder-Tavolata (zweimal wöchentlich), Kinderplanschbecken usw.

SPA
Massagestudio.

INTERNET
WLAN kostenlos.

ZAHLUNGSMÖGLICHKEITEN
Visa, American Express, Eurocard, Mastercard, Postcard, EC, Reka-Card.

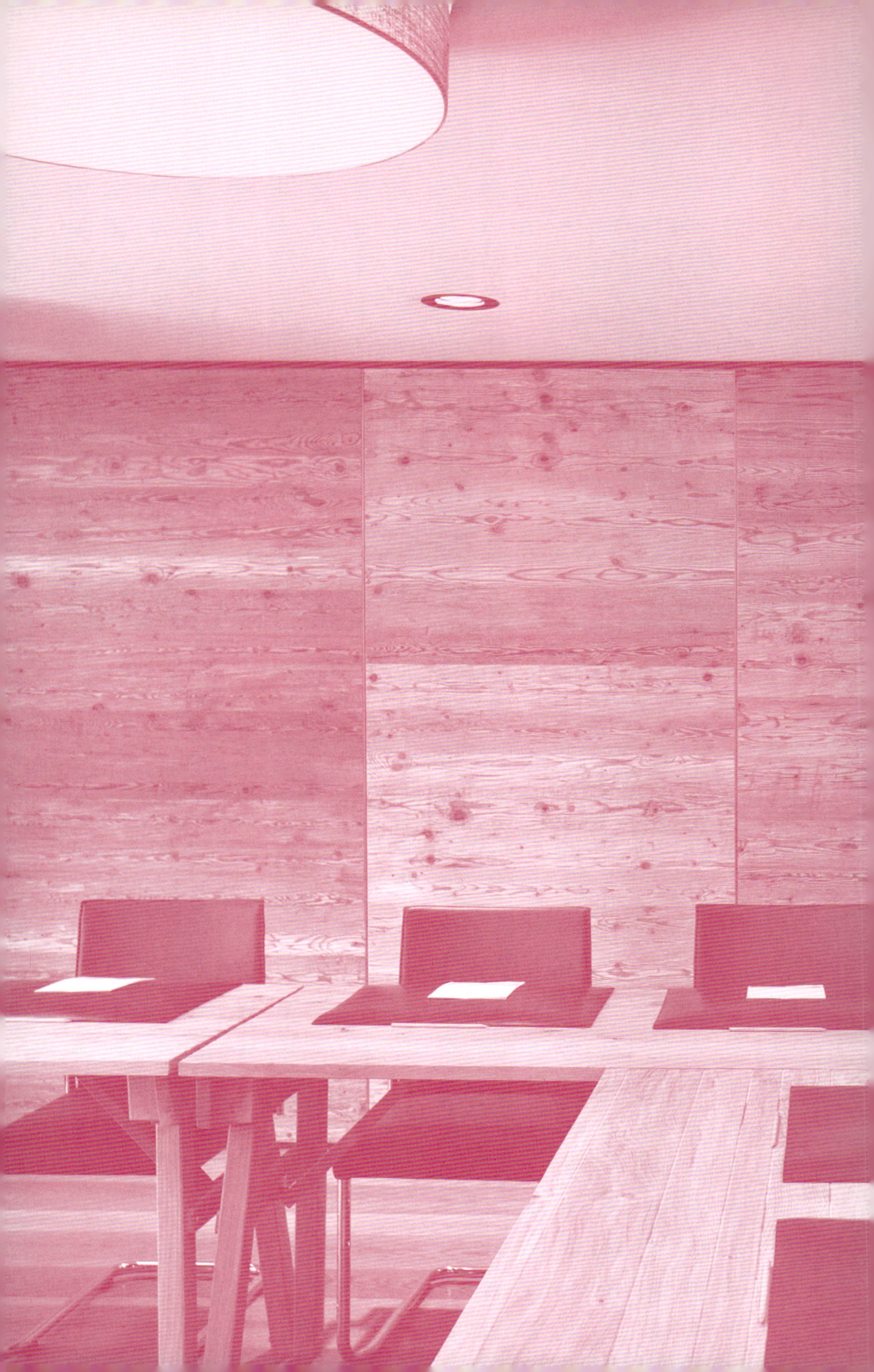

SEMINARHOTELS

DIE 10 BESTEN
SEMINAR-HOTELS

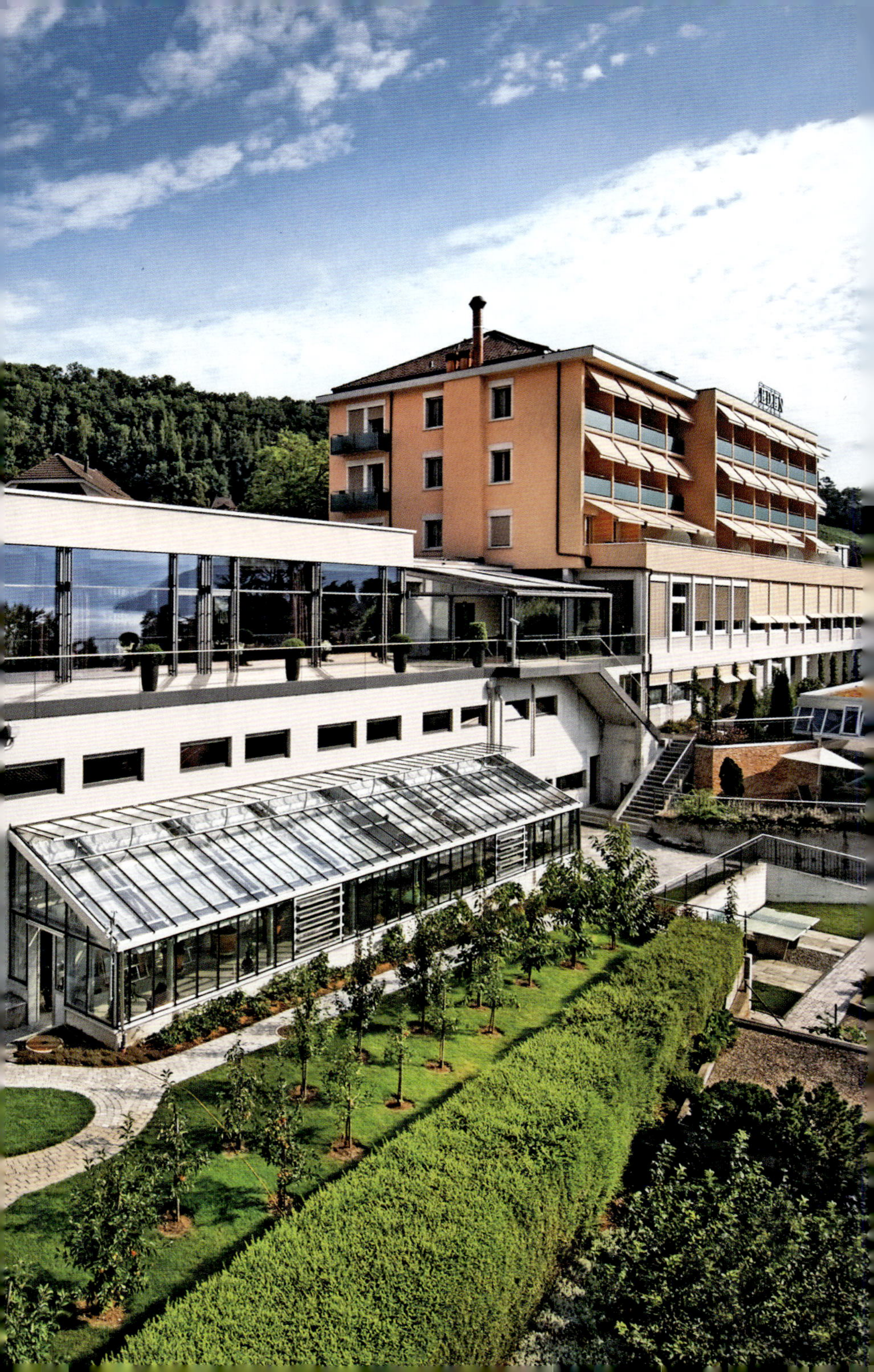

HOTEL EDEN SPIEZ ****ˇ
DZ/F CHF 320.– bis 590.–

3700 Spiez
Telefon +41 33 655 99 00
www.eden-spiez.ch

RANG 1 NEUE KATEGORIE

GASTGEBER
Jürgen Kögler

HOTEL
Das Eden macht seinem Namen alle Ehre: Eingebettet in einen wunderschönen Park und mit herrlicher Sicht auf den Thunersee und die Berge der Jungfrauregion, hat es etwas Paradiesisches an sich. Neben den Schönheiten der Natur bietet das gastfreundliche, grosszügige Haus noch eine ganze Menge anderer Annehmlichkeiten. Beispielsweise ausgesprochen grosszügige Zimmer mit elektrisch verstellbaren Betten und exklusiver Bettwäsche. Nach einigen Konzeptänderungen hat das Eden seine Positionierung gefunden. Es ist ein hervorragend geführtes Hotel zum Ausspannen geworden. Und zu einem inspirierenden Seminarhotel, in dem Meetings zum Erlebnis werden.

RESTAURANTS
1, ausgezeichnet von Guide Bleu.

BUSINESSANGEBOT
Verschiedene unterteilbare Räumlichkeiten für Anlässe von 8 bis 150 Personen. Infrastruktur und technische Hilfsmittel auf modernstem Stand. Vielfältiges Rahmenprogramm und grosses Freizeitangebot.

SPA
330 m².

INTERNET
WLAN kostenlos.

ZAHLUNGSMÖGLICHKEITEN
Alle gängigen Kreditkarten.

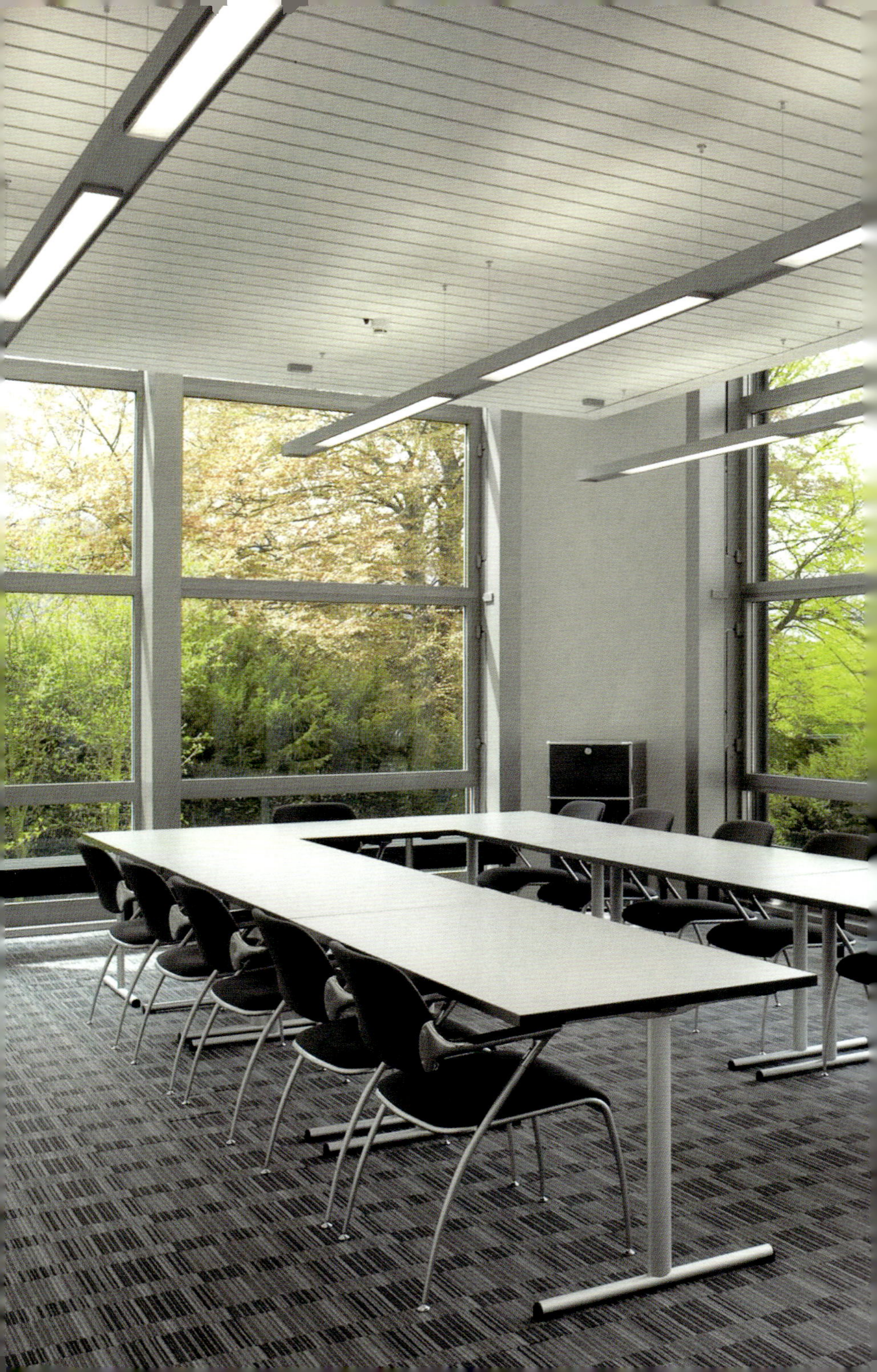

SEMINARHOTELS

CONGRESS HOTEL SEEPARK ****˜
DZ/F CHF 280.– bis 375.–

3602 Thun
Telefon +41 33 226 12 12
www.seepark.ch

RANG 2 — NEUE KATEGORIE

GASTGEBER
Urs Bircher

HOTEL
Im Seepark in Thun treffen wir auf einen alten Bekannten: Urs Bircher hat einst das Luxushotel Tschuggen in Arosa geführt. Seit er vor acht Jahren an den Thunersee wechselte, hat sich im Seepark manches zum Guten gewandelt. Sowohl baulich (unter anderem wurden vor zwei Jahren die Zimmer neu gestaltet) wie auch kulinarisch. Am offensichtlichsten aber ist die Steigerung bei den Softwarefaktoren. Die Mitarbeitenden sind nicht nur gut geschult, sondern auch ausgesprochen freundlich. Das und die tolle Lage direkt am See verleihen dem Seepark, der 2014 sein 25-Jahr-Jubiläum feiert, ein für ein Businesshotel wohltuend lockeres Ambiente.

RESTAURANTS
2, ausgezeichnet von Guide Bleu und Gault-Millau.

BUSINESSANGEBOT
17 verschiedene Räumlichkeiten für Anlässe bis 370 Personen. Infrastruktur und technische Hilfsmittel auf modernstem Stand. Vielfältiges Rahmenprogramm und grosses Freizeitangebot.

SPA
350 m^2.

INTERNET
WLAN kostenlos.

ZAHLUNGSMÖGLICHKEITEN
Alle gängigen Kreditkarten.

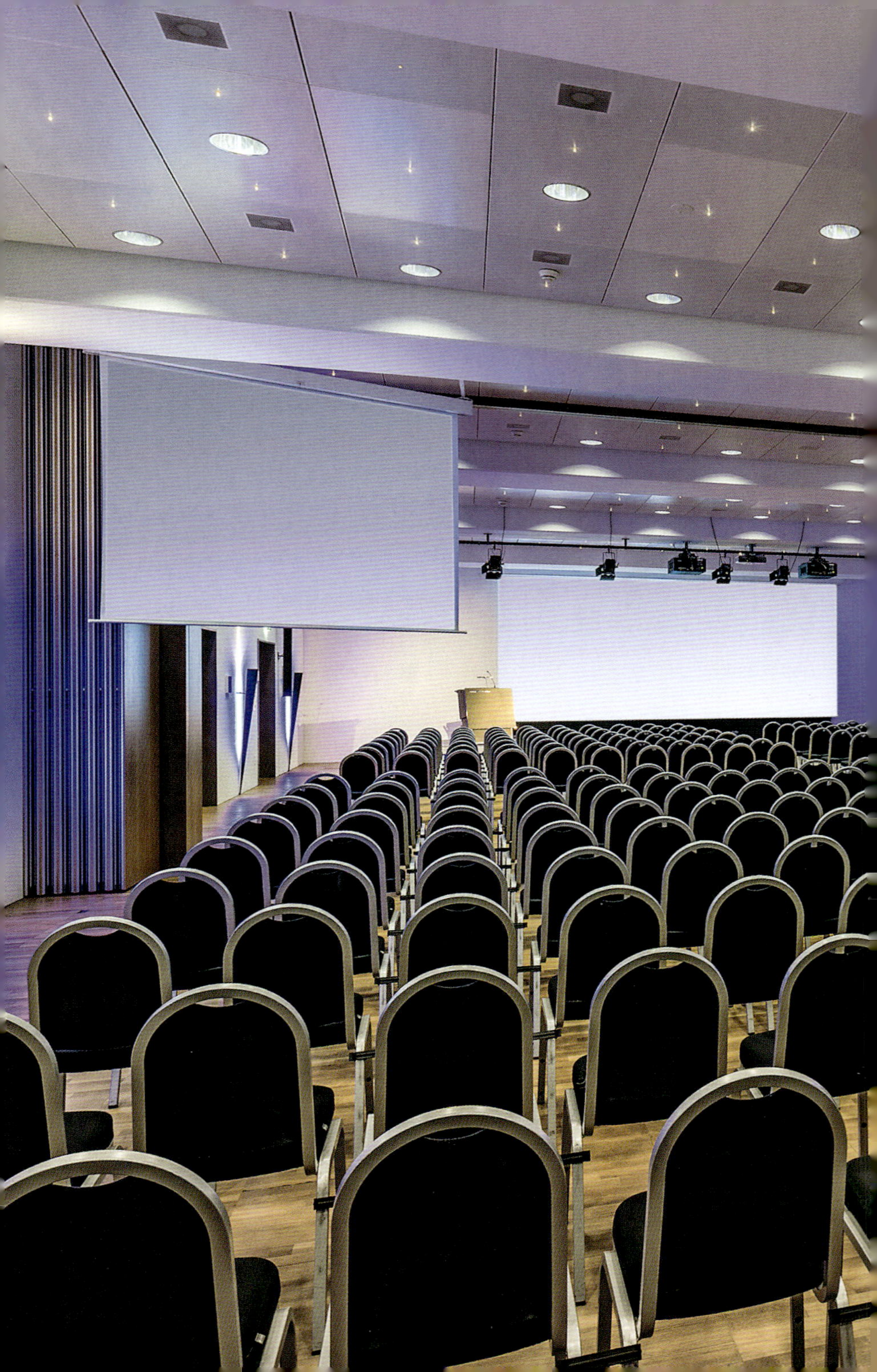

HOTEL SEEDAMM PLAZA ★★★★
DZ/F CHF 225.– bis 345.–

8808 Pfäffikon SZ
Telefon +41 55 417 17 17
www.seedamm-plaza.ch

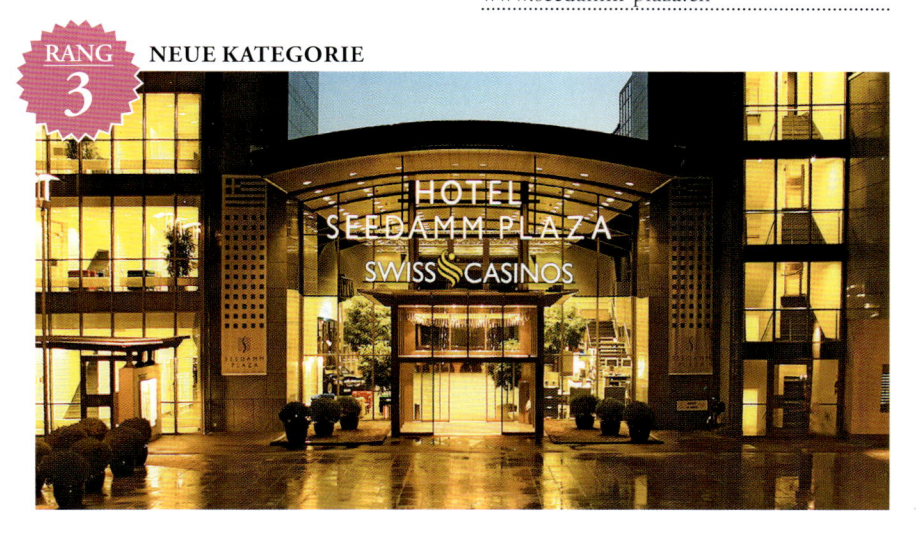

RANG 3 — NEUE KATEGORIE

GASTGEBER
Peter H. Ernst

HOTEL
Es gab mal eine Zeit, da wurde niemand so richtig glücklich mit dem Seedamm Plaza. Doch jetzt ist die Wende geschafft. Unter der Leitung von Peter H. Ernst hat man klare Zukunftsvorstellungen entwickelt und sich hohe Ziele gesetzt. Bis 2015 wollte man zu den Besten der Branche gehören – und ist bereits am Ziel. Die Gründe dafür sind vielfältig. Die Business-Infrastruktur des Hauses war schon immer überdurchschnittlich, doch werden jetzt auch innovative und kreative Dienstleistungen angeboten. Das kommt bei Firmen wie Privatpersonen ausgesprochen gut an. Und vor allem stimmen jetzt die Softfaktoren. Die motivierten Mitarbeitenden ziehen voll mit.

RESTAURANTS
3, ausgezeichnet von Guide Bleu und Gault-Millau.

BUSINESSANGEBOT
Verschiedene Räumlichkeiten für Anlässe von 8 bis 150 Personen. Infrastruktur und technische Hilfsmittel auf modernstem Stand. Vielfältiges Rahmenprogramm und grosses Freizeitangebot.

SPA
270 m^2.

INTERNET
WLAN kostenlos.

ZAHLUNGSMÖGLICHKEITEN
Alle gängigen Kreditkarten.

SEMINARHOTELS

BELVÉDÈRE
STRANDHOTEL ★★★★˜
DZ / F CHF 295.– bis 750.–

3700 Spiez
Telefon +41 33 655 66 66
www.belvedere-spiez.ch

RANG 4 — NEUE KATEGORIE

GASTGEBER
Bruno Affentranger

HOTEL
Das 1908 erbaute, wunderschön an den Gestaden des Thunersees gelegene Belvédère hat in Spiez den Status eines Monuments. Es überlebte nicht bloss als einziges Hotel beide Weltkriege, sondern beherbergte 1954 auch die deutschen Fussballer, die damals völlig überraschend Weltmeister wurden. Der Teamgeist, der sich dort bildete, ging als «Geist von Spiez» in die Geschichte ein. Belvédère-Geschichte geschrieben hat auch der Unternehmer Walter Hauenstein, der das Hotel 1997 kaufte. Vor zwei Jahren wurde es komplett saniert, erhielt einen neuen Wellnessbereich und verkörpert seither auf glanzvolle Weise die Eleganz der Belle Epoque mit den Annehmlichkeiten der Moderne.

RESTAURANTS
1, ausgezeichnet von GaultMillau.

BUSINESSANGEBOT
Mehrere stilvolle Räumlichkeiten für Anlässe von 6 bis 120 Personen. Infrastruktur und technische Hilfsmittel auf modernstem Stand. Vielfältiges Rahmenprogramm und grosses Freizeitangebot.

SPA
400 m^2.

INTERNET
WLAN kostenlos.

ZAHLUNGSMÖGLICHKEITEN
Alle gängigen Karten ausser Diners.

SEMINARHOTELS

HOTEL BELVOIR ****˜
DZ/F CHF 260.– bis 1050.–

8803 Rüschlikon ZH
Telefon +41 44 723 83 80
www.hotel-belvoir.ch

RANG 5 — NEUE KATEGORIE

GASTGEBER
Martin von Moos

HOTEL
Seit dem Besitzerwechsel, dem Um- und Neubau und der glanzvollen Wiedereröffnung vor drei Jahren ist das Belvoir zu einem Bijou geworden, das sich als Seminar-, Event- und Lifestylehotel einen herausragenden Namen gemacht hat. Denn hier oben, hoch über dem Zürichsee, stimmt einfach alles. Businessangebote, Architektur, Kulinarik und Wellness sind vom Feinsten. Die 60 topmodernen Zimmer und Suiten bieten einen atemberaubenden Blick auf den See, die Sonnenterrasse ist ein Traum und Martin von Moos ein Vollblutgastgeber. Das schlägt voll auf die freundlichen und zuvorkommenden Mitarbeitenden durch, denen die Arbeit im Belvoir sichtlich Spass macht.

RESTAURANTS
1

BUSINESSANGEBOT
Verschiedene Räumlichkeiten für Anlässe von 6 bis 280 Personen. Infrastruktur und technische Hilfsmittel auf modernstem Stand.

SPA
800 m^2.

INTERNET
WLAN kostenlos.

ZAHLUNGSMÖGLICHKEITEN
Alle gängigen Kreditkarten.

SEMINARHOTELS

SEMINAR- UND WELLNESS-HOTEL STOOS ★★★★
DZ / F CHF 210.– bis 650.–

6433 Stoos
Telefon +41 41 817 44 44
www.hotel-stoos.ch

RANG 6

NEUE KATEGORIE

GASTGEBER
Marcel Neuhaus

HOTEL
Aus dem einstigen Kurhaus Stoos hoch über dem Vierwaldstättersee, das vor 120 Jahren für seine Molkekuren bekannt war, ist ein topmodernes Seminar- und Wellnesshotel geworden. Zu verdanken ist dies der Einsiedler Unternehmerfamilie Koch, die das Hotel in den vergangenen Jahren sukzessive renovierte und umbaute. Grosser Wert wird indes nicht bloss auf die bedürfnisorientierte Infrastruktur gelegt, sondern auch auf eine herzliche Gastfreundschaft. Dass das Hotel im einzigartigen Naturparadies auf dem Stoos heute einen erstklassigen Namen geniesst, liegt auch am erst 33-jährigen Marcel Neuhaus. Er wirkt hier seit zwei Jahren mit grossem Erfolg.

RESTAURANTS
1

BUSINESSANGEBOT
Mehrere Räumlichkeiten für Anlässe bis 120 Personen. Infrastruktur und technische Hilfsmittel auf modernstem Stand. Sehr vielfältiges Rahmenprogramm und grosses Freizeitangebot.

SPA
1100 m^2.

INTERNET
WLAN kostenlos.

ZAHLUNGSMÖGLICHKEITEN
Alle gängigen Kreditkarten.

SEMINARHOTELS

SEEROSE RESORT UND SPA ★★★★
DZ/F CHF 248.– bis 928.–

5616 Meisterschwanden
Telefon +41 56 676 68 68
www.seerose.ch

RANG 7 NEUE KATEGORIE

GASTGEBER
Felix Suhner

HOTEL
Das Schmuckstück am Hallwilersee gehört zur kleinen, feinen Hotelgruppe von Unternehmer Felix Suhner, was allein schon Qualität garantiert. Es zählt seit Jahren zu den besten Seminarhotels im Land und hat mit dem vor einem Jahr eröffneten, 20 Millionen Franken teuren Neubau Cocon nochmals einen Zacken zugelegt. Das neue Thai-Spa und das zusätzliche Gourmetrestaurant Cocon sind eine Bereicherung, die 30 Juniorsuiten und 2 Suiten erst recht. Seither erfreut sich das schmucke Resort am romantischen Ufer des Sees nicht bloss bei Seminargästen grosser Beliebtheit. Am Weekend liegt es auch bei Geniessern aus den nahen Städten voll im Trend.

RESTAURANTS
5, ausgezeichnet von GaultMillau.

BUSINESSANGEBOT
Verschiedene unterteilbare Räumlichkeiten für Anlässe bis 200 Personen. Infrastruktur und technische Hilfsmittel auf modernstem Stand. Vielfältiges Rahmenprogramm und grosses Freizeitangebot.

SPA
1000 m^2.

INTERNET
WLAN kostenlos.

ZAHLUNGSMÖGLICHKEITEN
Alle gängigen Karten ausser Diners.

SEMINARHOTELS

BAD BUBENDORF HOTEL ★★★˜
DZ / F CHF 187.– bis 320.–

4416 Bubendorf
Telefon +41 61 935 55 55
www.badbubendorf.ch

RANG 8 — NEUE KATEGORIE

GASTGEBER
Eveline und Roland Tischhauser

HOTEL
Seit 15 Jahren ist auch das schmucke 3-Stern-Superior-Designhotel Bad Bubendorf im Besitz von Felix Suhner. Geführt wird es mit viel Engagement von den Miteigentümern Roland und Eveline Tischhauser-Buser, die grössten Wert auf einen gepflegten, herzlichen Service legen. Und natürlich auf die berühmte Küche. Die mit einem Michelin-Stern ausgezeichnete Osteria Tre ist der beste Gourmettempel weit und breit. Und auch die beiden andern Restaurants machen Freude. Bei Licht betrachtet ist das Bad Bubendorf ein 3-Stern-Hotel mit 4-Stern-Komfort und einem entsprechend überragenden Preis-Leistungs-Verhältnis.

RESTAURANTS
3, ausgezeichnet von Guide Bleu und Gault-Millau, Restaurant Osteria Tre mit 1 Michelin-Stern.

BUSINESSANGEBOT
Mehrere Räumlichkeiten für Anlässe von 6 bis 120 Personen. Infrastruktur und technische Hilfsmittel auf modernstem Stand. Vielfältiges Rahmenprogramm und grosses Freizeitangebot.

SPA
Fitness- und Beautybereich.

INTERNET
WLAN kostenlos.

ZAHLUNGSMÖGLICHKEITEN
Alle gängigen Karten ausser Diners.

SEMINARHOTELS

PARKHOTEL ZUG ★★★★˘
DZ/F CHF 240.– bis 420.–

6304 Zug
Telefon +41 41 727 48 48
www.parkhotel.ch

RANG 9 NEUE KATEGORIE

GASTGEBER
Stefan Gareis

HOTEL
Das Parkhotel liegt ideal im Herzen der Stadt und hat sich in den vergangenen Jahren zur gefragten Topadresse für Businessgäste gemausert. Die Metall Zug Gruppe als Besitzerin hält das Haus mit regelmässigen Investitionen in Schuss. Zuletzt wurde das ganze Erdgeschoss zurückgebaut, um Hotelhalle, Rezeption, Banketträumlichkeiten, Restaurant und Smoker's Lounge ein neues Gesicht zu geben. Zum Komplex gehört auch der vor vier Jahren eröffnete City Garden, ein trendig-cooles Designhotel mit einem spannenden Restaurantkonzept. Geführt werden beide Häuser vom omnipräsenten Stefan Gareis, einem Gastgeber nahe der Perfektion.

RESTAURANTS
1

BUSINESSANGEBOT
Verschiedene Räumlichkeiten für Anlässe bis 80 Personen. Infrastruktur und technische Hilfsmittel auf modernstem Stand. Businesscorner.

SPA
180 m^2.

INTERNET
WLAN kostenlos.

ZAHLUNGSMÖGLICHKEITEN
Alle gängigen Kreditkarten.

WIR HABEN IHREN LIEBLING ...

GLOBALWINE
HOME OF THE LEADING BRANDS

GLOBALWINE AG | RÄFFELSTRASSE 25 | 8045 ZÜRICH | 044 450 16 16 | WWW.GLOBALWINE.CH | OFFICE@GLOBALWINE.COM

SEMINARHOTELS

HOTEL CHLOSTERHOF ★★★★
DZ/F CHF 240.– bis 300.–

8260 Stein am Rhein
Telefon +41 52 742 42 42
www.chlosterhof.ch

RANG 10 NEUE KATEGORIE

GASTGEBER
Rafael Aragon

HOTEL
Der Chlosterhof ist eines der führenden Seminar- und Tagungshotels in der Ostschweiz. Die Lage an den Ufern von Bodensee und Rhein und in unmittelbarer Nähe der Altstadt von Stein am Rhein ist top. Das gilt auch für das Restaurant Giardino mit seiner lässigen Atmosphäre sowie für die Butterfly-Bar und die Terrasse mit dem unvergleichlichen Blick auf See und Fluss. Schade, dass ein paar Softfaktoren nicht immer ganz mitzuhalten vermögen. Gewisse Abläufe sind optimierbar, die Freundlichkeit einiger Mitarbeitenden auch. Schön renoviert sind die Komfortzimmer, bei andern Räumlichkeiten wird ein Facelifting langsam fällig.

RESTAURANTS
1, ausgezeichnet von GaultMillau.

BUSINESSANGEBOT
11 verschiedene Räumlichkeiten für Anlässe bis 220 Personen. Infrastruktur und technische Hilfsmittel auf modernstem Stand.

SPA
Sauna, Fitnessraum und Schwimmbad.

INTERNET
WLAN kostenlos.

ZAHLUNGSMÖGLICHKEITEN
Alle gängigen Kreditkarten.

ÜBERSICHTSKARTE SCHWEIZ

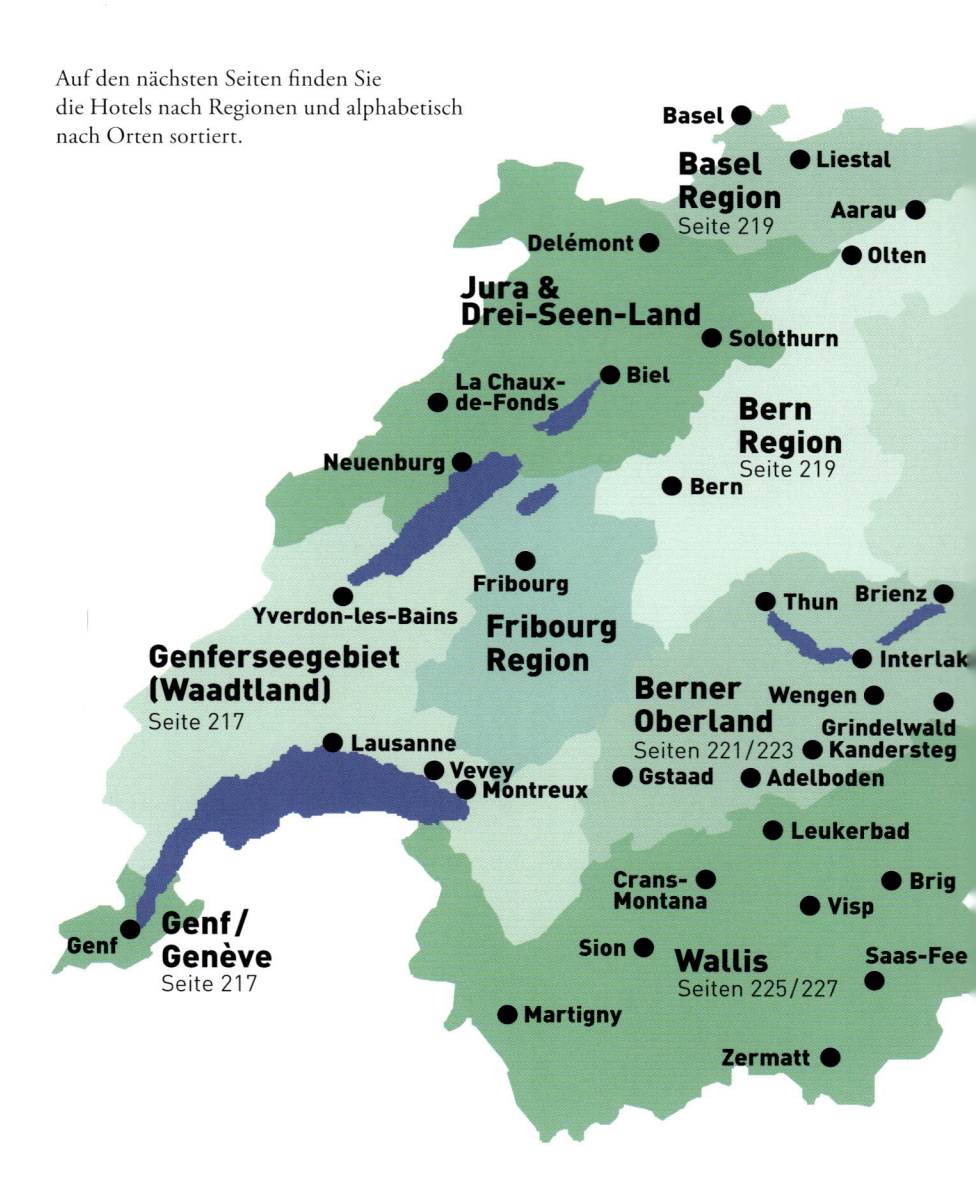

Auf den nächsten Seiten finden Sie die Hotels nach Regionen und alphabetisch nach Orten sortiert.

Basel Region Seite 219
- Basel
- Liestal
- Aarau
- Olten
- Delémont

Jura & Drei-Seen-Land
- Solothurn
- La Chaux-de-Fonds
- Biel
- Neuenburg

Bern Region Seite 219
- Bern

Fribourg Region
- Fribourg
- Yverdon-les-Bains

Genferseegebiet (Waadtland) Seite 217
- Lausanne
- Vevey
- Montreux

Berner Oberland Seiten 221/223
- Thun
- Brienz
- Interlaken
- Wengen
- Grindelwald
- Kandersteg
- Gstaad
- Adelboden

Genf / Genève Seite 217
- Genf

Wallis Seiten 225/227
- Leukerbad
- Brig
- Crans-Montana
- Visp
- Sion
- Saas-Fee
- Martigny
- Zermatt

214 KARL WILD HOTELRATING SCHWEIZ 2014|15

REGIONENÜBERSICHT

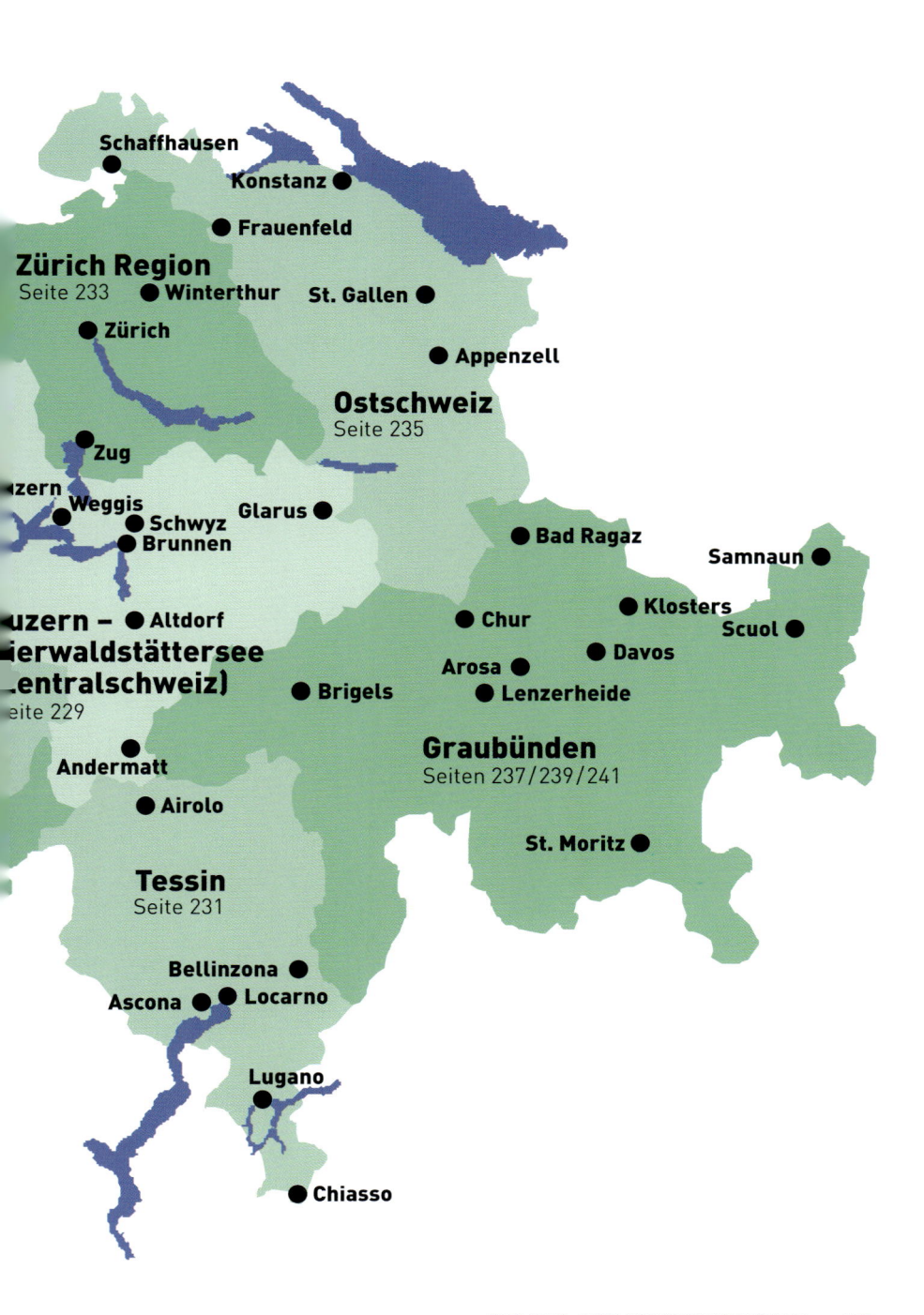

Zürich Region
Seite 233

- Schaffhausen
- Konstanz
- Frauenfeld
- Winterthur
- St. Gallen
- Zürich
- Appenzell

Ostschweiz
Seite 235

- Zug
- Weggis
- Schwyz
- Brunnen
- Glarus
- Bad Ragaz
- Samnaun
- Klosters
- Scuol

Luzern – Vierwaldstättersee (Zentralschweiz)
Seite 229

- Altdorf
- Chur
- Arosa
- Davos
- Brigels
- Lenzerheide
- Andermatt
- Airolo

Graubünden
Seiten 237/239/241

- St. Moritz

Tessin
Seite 231

- Bellinzona
- Ascona
- Locarno
- Lugano
- Chiasso

KARL WILD HOTELRATING SCHWEIZ 2014|15

Im Hotelier erfahren Sie, was in der Szene läuft.

hotelier.ch/abo

Ein Magazin der B+L Verlags AG

REGIONENÜBERSICHT

GENF / GENÈVE

FOUR SEASONS HOTEL DES BERGUES
1201 Genf
www.fourseasons.com/geneva
Seite 162

GRAND HOTEL KEMPINSKI GENEVA
1211 Genf
www.kempinski.com/geneva
Seite 165

HÔTEL BEAU-RIVAGE
1201 Genf
www.beau-rivage.ch
Seite 161

HOTEL PRÉSIDENT WILSON
1201 Genf
www.hotelpresidentwilson.com
Seite 174

MANDARIN ORIENTAL
1201 Genf
www.mandarinoriental.com/geneva
Seite 164

LAUSANNE PALACE & SPA
1002 Lausanne
www.lausanne-palace.com
Seite 157

GENFERSEEGEBIET (WAADTLAND)

BEAU-RIVAGE PALACE
1006 Lausanne-Ouchy
www.brp.ch
Seiten 152/153

LE MIRADOR KEMPINSKI LAKE GENEVA
1801 Le Mont-Pèlerin
www.mirador.ch
Seite 128

FAIRMONT LE MONTREUX PALACE
1820 Montreux
www.montreux-palace.ch
Seite 159

GRAND HOTEL DU LAC
1800 Vevey
www.hoteldulac-vevey.ch
Seite 169

DU GOLF & SPA
1884 Villars-sur-Ollon
www.hoteldugolf.ch
Seite 103

LUXURY meets UNESCO
BERN
Capital City

GRATULATION

Bern Tourismus gratuliert den beiden Berner 5-Sterne-Hotels „Hotel Schweizerhof Bern" und „Hotel Bellevue Palace" zu ihren hervorragenden Platzierungen.

Erkunden Sie Bern von seiner luxuriösen und schönsten Seite:
www.bern.com/deluxe

REGIONENÜBERSICHT

BERN REGION

HOTEL BELLEVUE PALACE
3000 Bern 7
www.bellevue-palace.ch
Seite 163

HOTEL SCHWEIZERHOF BERN
3001 Bern
www.schweizerhof-bern.ch
Seite 167

BASEL REGION

GRAND HOTEL LES TROIS ROIS
4001 Basel
www.lestroisrois.com
Seite 160

BAD BUBENDORF HOTEL
4416 Bubendorf
www.badbubendorf.ch
Seite 210

Bruno's Best

Feines von Bruno's Best

Bruno's Salateller «wiä däheimä»
www.brunosbest.ch

Kartoffelsalat mit
Bruno's Salatsauce spanisch

Spargelsalat mit
Bruno's Salatsauce Bärlauch

«E knackige Grüene» mit
Bruno's Salatsauce französisch

Fitnessteller mit Bruno's Krüterbutter
& Salatsauce Tomate & Basilikum

Tomaten-Mozzarella-Salat
mit Bruno's Salatsauce italienisch

Genuss bis zum letzten Tropfen
«ufdunkä» erlaubt ;)

REGIONENÜBERSICHT

BERNER OBERLAND

ADLER ADELBODEN
3715 Adelboden
www.adleradelboden.ch
Seite 104

PARKHOTEL BELLEVUE & SPA
3715 Adelboden
www.parkhotel-bellevue.ch
Seite 140

DORINT RESORT BLÜEMLISALP
3803 Beatenberg
www.hotel-interlaken.dorint.com
Seite 193

GRANDHOTEL GIESSBACH
3855 Brienz
www.giessbach.ch
Seite 102

BODMI
3818 Grindelwald
www.bodmi.ch
Seite 192

KIRCHBÜHL
3818 Grindelwald
www.kirchbuehl.ch
Seite 190

PARKHOTEL SCHOENEGG
3818 Grindelwald
www.parkhotelschoenegg.ch
Seite 194

GRAND HOTEL PARK
3780 Gstaad
www.grandhotelpark.ch
Seite 44

GSTAAD PALACE
3780 Gstaad
www.palace.ch
Seiten 40

HOTEL ALPHORN
3780 Gstaad
www.gstaad-alphorn.ch
Seite 117

LE GRAND BELLEVUE GSTAAD
3780 Gstaad
www.bellevue-gstaad.com
Seite 45

LE GRAND CHALET
3780 Gstaad
www.grandchalet.ch
Seite 77

THE ALPINA GSTAAD
3780 Gstaad
www.thealpinagstaad.ch
Seite 55

PARKHOTEL GUNTEN
3654 Gunten
www.parkhotel-gunten.ch
Seite 108

VICTORIA-JUNGFRAU GRAND HOTEL
3800 Interlaken
www.victoria-jungfrau.ch
Seite 130

HOTEL ALPENLAND
3782 Lauenen bei Gstaad
www.alpenland.ch
Seite 196

HOTEL EDEN SPIEZ

FOR LIFE'S
FINER MOMENTS

DESIGN & LIFESTYLE HOTEL – GOURMET – SPA & WELLBEING – MEETING & EVENT

RUNDUM SORGLOS TAGEN, WO ANDERE FERIEN MACHEN

Tagen und konferieren, trainieren und schulen heisst für uns, ein kommunikationsförderndes Klima zu schaffen mit einem perfekten Tagungsservice. Sie tagen in unseren modernen Seminarräumen mit Panoramablick über Thunersee und Berner Alpen. Für Gruppenarbeiten finden Sie im Garten Eden einladende Plätze und können dabei frische Seeluft atmen.

PERFEKTER RAHMEN FÜR IHRE VERANSTALTUNG

Unser klimatisierter Tagungs- und Bankettbereich bietet Raum für 150 Personen. Ganz den Qualitätsansprüchen unseres Hotels entsprechend hat man sich bei der Ausstattung für feinste Materialien und modernste, benutzerfreundliche Technik entschieden. Das grosszügig konzipierte Raumangebot lässt sich dank seiner flexiblen Kombinationsmöglichkeiten für Anlässe aller Art einrichten. Ob Tagungen, Seminare, Workshops, Off-Site Meetings, Bankette oder Cocktail Empfänge, wir bieten den passenden Rahmen.

IDEALE LAGE ZUR ENTFALTUNG IHRER KREATIVITÄT

Überwältigend ist die Aussicht auf den Thunersee und die Gipfel der Berner Alpen, die Sie aus den Panoramafenstern unserer Tagungsräume geniessen können. Für Rahmenprogramme bietet die naturnahe Lage unseres Hauses am Thunersee von Sport bis Kultur vielseitige Möglichkeiten. Die entspannte Atmosphäre schafft Raum für Kreativität und Entfaltung, die persönliche Führung macht den Unterschied. Reisen Sie bequem mit Auto, Bahn oder Schiff zu uns nach Spiez.

Wir beraten Sie gerne und freuen uns auf Sie!

meeting@eden-spiez.ch
T +41 33 655 97 00

Seestrasse 58 | CH-3700 Spiez | T +41 33 655 99 00
F +41 33 655 99 01 | welcome@eden-spiez.ch | www.eden-spiez.ch

REGIONENÜBERSICHT

BERNER OBERLAND (FORTSETZUNG)

LENKERHOF
GOURMET SPA RESORT
3775 Lenk im Simmental
www.lenkerhof.ch
Seite 59

HOTEL ALPBACH
3860 Meiringen
www.alpbach.ch
Seite 113

HOTEL VICTORIA
3860 Meiringen
www.victoria-meiringen.ch
Seite 116

BEATUS WELLNESS- UND SPA-HOTEL
3658 Merligen
www.beatus.ch
Seite 133

HOTEL ALPINE LODGE
GSTAAD-SAANEN
3792 Saanen-Gstaad
www.alpinelodge.ch
Seite 91

HOTEL SPITZHORN
3792 Saanen-Gstaad
www.spitzhorn.ch
Seite 89

GOLFHOTEL
LES HAUTS DE GSTAAD & SPA
3777 Saanenmöser-Gstaad
www.golfhotel.ch
Seite 134

ROMANTIK HOTEL HORNBERG
3777 Saanenmöser-Gstaad
www.hotel-hornberg.ch
Seite 88

ERMITAGE WELLNESS- & SPA-HOTEL
3778 Schönried-Gstaad
www.ermitage.ch
Seiten 126

HOTEL KERNEN
3778 Schönried-Gstaad
www.hotel-kernen.ch
Seite 100

BELVÉDÈRE STRANDHOTEL
3700 Spiez
www.belvedere-spiez.ch
Seite 206

HOTEL EDEN SPIEZ
3700 Spiez
www.eden-spiez.ch
Seite 200/201

CONGRESS HOTEL SEEPARK
3602 Thun
www.seepark.ch
Seite 202/203

BEAUSITE PARK HOTEL
3823 Wengen
www.parkwengen.ch
Seite 71

ROMANTIK HOTEL SCHÖNEGG
3823 Wengen
www.hotel-schoenegg.ch
Seite 92

Zermatt–Matterhorn

Herzliche Gratulation

Zermatt Tourismus
Bahnhofplatz 5
Postfach 247
CH-3920 Zermatt
Tel. +41 (0)27 966 81 11
Fax +41 (0)27 966 81 01
marketing@zermatt.ch
www.zermatt.ch

Zermatt Tourismus gratuliert den ausgezeichneten Hotels. Dass sich 14 der 150 hier ausgezeichneten Hotels der Schweiz in Zermatt befinden, ist kein Zufall. Denn die Destination Zermatt-Matterhorn schaut auf eine über 150-jährige Tradition hochstehender Gastfreundschaft zurück.

80 Prozent der Zermatter Hotels befinden sich im Besitz der Familien, die sie gleichzeitig auch führen. Das heisst, diese Hoteliers – Frauen wie Männer – wissen, was Gastfreundschaft bedeutet. Oft sind die Hotelfamiliendynastien über Generationen mit den Familien der Stammgäste vertraut. Manche Hoteliers pflegen seit Generationen freundschaftliche Beziehungen zu ihren Gästen.

Allein die Zermatter Hoteliers haben in den vergangenen zehn Jahren rund 450 Mio. CHF investiert, damit ihre traditionsreichen Häuser den Bedürfnissen der Gäste entsprechen.

Schlicht: Die Zermatter Hotelwelten haben Qualität, die schweizweit ihresgleichen suchen.

REGIONENÜBERSICHT

WALLIS

HOTEL GUARDA GOLF
3963 Crans-Montana
www.hotelguardagolf.com
Seite 66

LE CRANS HOTEL & SPA
3963 Crans-Montana
www.lecrans.com
Seite 56

WELLNESS & SPA PIRMIN ZURBRIGGEN
3905 Saas-Almagell
www.wellnesshotel-zurbriggen.ch
Seiten 82/83

HOTEL SCHWEIZERHOF GOURMET & SPA
3906 Saas-Fee
www.schweizerhof-saasfee.ch
Seite 95

PANORAMA KIDS HOTEL ALPHUBEL
3906 Saas-Fee
www.hotelalphubel.ch
Seite 195

W VERBIER
1936 Verbier
www.w-hotels.com
Seite 48

ALPENHOF ZERMATT
3920 Zermatt
www.alpenhofhotel.ch
Seite 138

BACKSTAGE HOTEL ZERMATT
3920 Zermatt
www.backstagehotel.ch
Seite 65

CERVO MOUNTAIN BOUTIQUE RESORT
3920 Zermatt
www.cervo.ch
Seite 61

GRAND HOTEL ZERMATTERHOF
3920 Zermatt
www.zermatterhof.ch
Seite 64

HOTEL ALEX
3920 Zermatt
www.hotelalexzermatt.com
Seite 68

HOTEL ALPINE RESIDENCE MIRABEAU
3920 Zermatt
www.hotel-mirabeau.ch
Seite 143

HOTEL BELLA VISTA
3920 Zermatt
www.bellavista-zermatt.ch
Seite 111

HOTEL LA GINABELLE
3920 Zermatt
www.la.ginabelle.ch
Seite 187

LA COURONNE
3920 Zermatt
www.la-couronne.ch
Seite 106

MONT CERVIN PALACE
3920 Zermatt
www.montcervinpalace.ch
Seite 54

Wellness Spa Pirmin Zurbriggen ****s
your No.1

4.-24. Januar 2015
Skipass (ab 4 Nächten) im Zimmerpreis inklusive
(Saas-Almagell, Saas-Grund, Saas-Fee und Skibus)

Sommer
Bergbahnen im Zimmerpreis inkl.

www.wellnesshotel-zurbriggen.ch
pirmin.zurbriggen@rhone.ch | Tel. 027 957 23 01

WALLIS (FORTSETZUNG)

RIFFELALP RESORT 2222 M
3920 Zermatt
www.riffelalp.com
Seite 46

ROMANTIK HOTEL JULEN
3920 Zermatt
www.julen.ch
Seite 73

THE OMNIA MOUNTAIN LODGE
3920 Zermatt
www.the-omnia.com
Seite 50

UNIQUE HOTEL POST
3920 Zermatt
www.hotelpost.ch
Seite 84/85

MIT DER SONNTAGSZEITUNG IST EIN MUSIKER MEHR ALS NUR EIN MUSIKER:

Die SonntagsZeitung bietet Woche für Woche Themenbünde voller Ansichten, Einsichten und Hintergründe für ein vielschichtigeres Bild. Probe-Abo unter www.sonntagszeitung.ch/abonnement

ZEIT ZUM ENTDECKEN

REGIONENÜBERSICHT

LUZERN – VIERWALDSTÄTTERSEE (ZENTRALSCHWEIZ)

THE CHEDI ANDERMATT
6290 Andermatt
www.chediandermatt.com
Seiten 38/39

MÄRCHENHOTEL BELLEVUE
8784 Braunwald
www.maerchenhotel.ch
Seiten 182/183

SPORTHOTEL EIENWÄLDLI
6390 Engelberg
www.eienwaeldli.ch
Seite 107

HOTEL VILLA HONEGG
6373 Ennetbürgen
www.villa-honegg.ch
Seite 62

ART DECO HOTEL MONTANA
6002 Luzern
www.hotel-montana.ch
Seite 166

HOTEL ASTORIA
6002 Luzern
www.astoria-luzern.ch
Seite 170

RENAISSANCE LUCERNE HOTEL
6002 Luzern
www.renaissance-luzern.ch
Seite 176

THE HOTEL
6002 Luzern
www.the-hotel.ch
Seite 171

FRUTT LODGE & SPA
6068 Melchsee-Frutt
www.fruttlodge.ch
Seite 135

SWISS HOLIDAY PARK
6443 Morschach
www.shp.ch
Seite 191

HOTEL SEEDAMM PLAZA
8808 Pfäffikon
www.seedamm-plaza.ch
Seite 204/205

SEMINAR- UND WELLNESS-HOTEL STOOS
6433 Stoos
www.hotel-stoos.ch
Seite 208

PARK HOTEL VITZNAU
6354 Vitznau
www.parkhotel-vitznau.ch
Seite 49

PARK WEGGIS
6353 Weggis
www.parkweggis.ch
Seite 124/125

WELLNESS HOTEL RÖSSLI WEGGIS
6353 Weggis
www.wellness-roessli.ch
Seite 109

SEEHOTEL WILERBAD
6062 Wilen
www.wilerbad.ch
Seite 145

VILLA ORSELINA
MOMENTI DI VERA DELIZIA

Kulinarische Gaumenfreuden, ein Rundum-Verwöhnprogramm im LABO-Spa und ein traumhafter Blick über den Lago Maggiore: Das Fünf-Sterne-Hotel Villa Orselina oberhalb von Locarno-Ascona lädt in einem einzigartigen Ambiente zum genussvollen «Dolce far niente» ein.

Mit dem Gault-Millau-Restaurant «il ristorante» unter der Leitung von Spitzenkoch Antonio Fallini, dem idyllisch am Pool gelegenen Restaurant «la pergola» und der eleganten Grand Bar «il bar» bietet die Villa Orselina kulinarische Erlebnisse für jeden Geschmack.

Für besonders entspannende Momente sorgt die Wellness- und Beauty-Oase LABO-Spa mit einer Vielzahl an vitalisierenden Massagen, exklusiven Ritualen für zwei sowie luxuriösen Gesichts- und Körperbehandlungen. Ebenso laden ein grosser Aussenpool mit verschiedenen Liegewiesen, eine Indoor-Badewelt, ein Fitnessraum sowie eine Saunalandschaft mit Finnischer Sauna, Dampfbad und Laconium zum Verweilen ein.

Sämtliche Restaurationsbetriebe und der LABO-Spa stehen auch Nicht-Hotelgästen zur Verfügung.

VILLA ORSELINA
il dolce far niente

Via Santuario 10 6644 Orselina 091 735 73 73
welcome@villaorselina.ch www.villaorselina.com

TESSIN

ART HOTEL RIPOSO
6612 Ascona
www.hotelriposo.ch
Seite 86

CASTELLO DEL SOLE
6612 Ascona
www.castellodelsole.com
Seiten 36/37

GIARDINO ASCONA
6612 Ascona
www.giardino.ch
Seite 42

HOTEL EDEN ROC
6612 Ascona
www.edenroc.ch
Seiten 34/35

KURHAUS CADEMARIO HOTEL & SPA
6936 Cademario-Lugano
www.kurhauscademario.com
Seiten 146

ALBERGO LOSONE
6616 Losone-Ascona
www.albergolosone.ch
Seiten 180/181

ESPLANADE HOTEL RESORT & SPA
6648 Minusio
www.esplanade.ch
Seite 144

GIARDINO LAGO
6648 Minusio
www.giardino-lago.ch
Seite 74

VILLA ORSELINA
6644 Orselina-Locarno
www.villaorselina.ch
Seite 58

HOTEL RONCO
6622 Ronco sopra Ascona
www.hotel-ronco.ch
Seite 115

LA CAMPAGNOLA
6575 Vairano
www.campagnola.ch
Seite 197

GOLF
YEAR ISSUE #14

TRENDSPORT GOLF
DIE SCHÖNSTEN
PLÄTZE DER SCHWEIZ

EQUIPMENT
BÄLLE · PUTTER · WEDGES
EISEN · HÖLZER · HYBRIDS · DRIVER
FITTING · EINSTEIGERTIPPS

FASHION
DAS GOLF14-SHOOTING
MIT DEN NEUSTEN HIGHLIGHTS
DER SAISON

HOTELS & DINING
TOP HOTELS · WELLNESS & SPA
GOURMET RESTAURANTS
ANDREAS CAMINADA

BEWEGUNG UND ENTSPANNUNG IN DER NATUR

GOLF'14 – DAS STYLISCHE MAGAZIN FÜR LIEBHABER DES GENUSSREICHEN LEBENS.

WWW.GOLF14.CH · WWW.FACEBOOK.COM/GOLF2014

REGIONENÜBERSICHT

ZÜRICH REGION

PARK-HOTEL BAD ZURZACH
5330 Bad Zurzach
www.park-hotel-zurzach.ch
Seite 147

SEEROSE RESORT UND SPA
5616 Meisterschwanden
www.seerose.ch
Seite 209

HOTEL BELVOIR
8803 Rüschlikon
www.hotel-belvoir.ch
Seite 207

PARKHOTEL ZUG
6304 Zug
www.parkhotel.ch
Seite 211

BAUR AU LAC
8001 Zürich
www.bauraulac.ch
Seite 156

PARK HYATT ZÜRICH
8002 Zürich
www.zurich.park.hyatt.com
Seiten 154/155

RADISSON BLU HOTEL, ZURICH AIRPORT
8058 Zürich-Flughafen
www.radissonblu.com/hotel-zurichairport
Seite 169

RENAISSANCE ZÜRICH TOWER HOTEL
8005 Zürich
www.renaissancezurichtower.com
Seite 172

SAVOY BAUR EN VILLE
8022 Zürich
www.savoy-baurenville.ch
Seite 173

THE DOLDER GRAND
8032 Zürich
www.thedoldergrand.com
Seiten 150/151

WIDDER HOTEL
8001 Zürich
www.widderhotel.ch
Seite 159

Come and see!

Ihr Nautik-Hotel am Bodensee
Kulinarische Kreuzfahrt mit einmaligem Ausblick

Mit hoteleigener Motoryacht und einzigartiger smaragdgrüner Wasserwelt

Hotel & Restaurants
Hotel mit 67 Zimmern, 2 Bars, 2 Restaurants und grosser Gartenterrasse am eigenen Bootshafen.

Einmalige Lage
Das traditionsreiche Haus liegt direkt am Bodensee. Freie Sicht auf Wasser und Berge, Sommer wie Winter – ausgezeichnet.

Wellness & Spa
Abschalten und geniessen im aussergewöhnlichen, 1500 m² grossen «Smaragd Spa» – der Wohlfühloase für wirklich alle Sinne.

BAD HORN
Hotel & Spa ★★★★

Wo selbst die Wellen gerne anlegen.

LIVE WEBCAM

Hotel Bad Horn, Seestrasse 36, CH-9326 Horn, Telefon +41 71 844 51 51, www.badhorn.ch

REGIONENÜBERSICHT

OSTSCHWEIZ

HOTEL BAD HORN
9326 Horn
www.badhorn.ch
Seite 139

WELLNESSHOTEL GOLF PANORAMA
8564 Lipperswil
www.golfpanorama.ch
Seite 136

HOTEL CHLOSTERHOF
8260 Stein am Rhein
www.chlosterhof.ch
Seite 213

HOTEL HOF WEISSBAD
9057 Weissbad-Appenzell
www.hofweissbad.ch
Seite 129

St. Moritz
TOP OF THE WORLD

150

THE ORIGINAL IN WINTER TOURISM SINCE 1864

www.engadin.stmoritz.ch
www.stmoritz.ch

ENGADIN St.Moritz

GRAUBÜNDEN

AROSA KULM HOTEL & ALPIN SPA
7050 Arosa
www.arosakulm.ch
Seite 60

SPORTHOTEL VALSANA
7050 Arosa
www.valsana.ch
Seite 96

TSCHUGGEN GRAND HOTEL
7050 Arosa
www.tschuggen.ch
Seiten 122/123

WALDHOTEL NATIONAL AROSA
7050 Arosa
www.waldhotel.ch
Seiten 87

GRAND RESORT BAD RAGAZ
7310 Bad Ragaz
www.resortragaz.ch
Seiten 120/121

IN LAIN HOTEL
7527 Brail
www.inlain.ch
Seiten 67

LA VAL BERGSPA HOTEL BRIGELS
7165 Brigels
www.laval.ch
Seite 137

MISANI
7505 Celerina
www.hotelmisani.ch
Seite 99

GIARDINO MOUNTAIN
7512 Champfèr-St. Moritz
www.giardino-mountain.ch
Seite 57

ROMANTIK HOTEL STERN
7000 Chur
www.stern-chur.ch
Seite 177

GRISCHA DAVOS
7270 Davos Platz
www.hotelgrischa.ch
Seite 75

HOTEL SEEHOF DAVOS
7260 Davos Dorf
www.seehofdavos.ch
Seiten 80/81

INTERCONTINENTAL DAVOS
7260 Davos Dorf
www.intercontinental.com/davos
Seite 63

SHERATON DAVOS HOTEL WALDHUUS
7270 Davos
www.sheratondavoshotelwaldhuus.com
Seite 189

WALDHOTEL DAVOS
7270 Davos Platz
www.waldhotel-davos.ch
Seite 97

WALDHAUS FLIMS MOUNTAIN RESORT & SPA
7018 Flims
www.waldhaus-flims.ch
Seite 131

GASTHAUS ✠ KRONE
Superior-Hotel am Inn. Seit 1565.

Allegra in La Punt

Die dunkelblauen Seen und der Inn glitzern im Sonnenlicht. Die Wälder und Wiesen leuchten in ihren schönsten Farben. Die Herzen der Biker, Golfer und Wanderer schlagen höher, denn alles lädt dazu ein, die einzigartige Landschaft des Engadins zu erkunden.

Profitieren Sie ab zwei Übernachtungen:
- Während der Sommersaison freie Benutzung aller Bergbahnen und öV
- Während der Wintersaison Skipass ab CHF 35.– pro Tag

Anschliessend verwöhnen wir Sie in unserer Sonnenlounge mit hausgemachten Sirups. Und natürlich in unseren gemütlichen Gaststuben. Obwohl wir soeben den 15. GaultMillau-Punkt erhalten haben, bleiben wir demütig und haben die Preise nicht erhöht.

Begeistern möchten wir Sie auch mit unseren frisch renovierten Zimmern, die jetzt noch freundlicher und heller wirken. Neue, qualitativ erstklassige Matratzen, schöne neue Holzböden und weitere Annehmlichkeiten sollen Ihnen den Aufenthalt bei uns noch angenehmer machen.

Und schliesslich ist unsere kleine, feine Wellbeing-Einrichtung der ideale Ort für die körperliche und geistige Erholung. Entdecken Sie die Engadiner Gemütlichkeit und schöpfen Sie neue Kraft in der Krone. Wir freuen uns auf Sie.

Mit einem Lächeln

Sonja und Andreas Martin
und das Krone-Team

Gasthaus Krone, 7522 La Punt Chamues-ch
Tel. 081 854 12 69, Fax 081 845 35 48,
info@krone-la-punt.ch, www.krone-la-punt.ch

REGIONENÜBERSICHT

GRAUBÜNDEN (FORTSETZUNG)

HOTEL ADULA
7018 Flims-Waldhaus
www.adula.ch
Seite 142

HOTEL PARADIES
7551 Ftan
www.paradieshotel.ch
Seite 70

UNIQUE HOTEL MEISSER
7545 Guarda
www.hotel-meisser.ch
Seite 111

ALPINA
7250 Klosters
www.alpina-klosters.ch
Seite 98

**ROMANTIK HOTEL
CHESA GRISCHUNA**
7250 Klosters
www.chesagrischuna.ch
Seite 101

HOTEL GASTHAUS KRONE
7522 La Punt
www.krone-la-punt.ch
Seite 94

MAIENSÄSSHOTEL GUARDA VAL
7078 Lenzerheide
www.guardaval.ch
Seite 51

SCHWEIZERHOF
7078 Lenzerheide
www.schweizerhof-lenzerheide.ch
Seiten 184/185

GRAND HOTEL KRONENHOF
7504 Pontresina
www.kronenhof.com
Seite 49

HOTEL SARATZ
7504 Pontresina
www.saratz.ch
Seite 188

SPORTHOTEL PONTRESINA
7504 Pontresina
www.sporthotel.ch
Seite 105

WALTHER
7504 Pontresina
www.hotelwalther.ch
Seite 72

HOTEL DES ALPES
7563 Samnaun-Dorf
www.hotel-desalpes-samnaun.ch
Seite 114

WELLNESSHOTEL CHASA MONTANA
7563 Samnaun
www.hotelchasamontana.ch
Seite 132

HOTEL BELVEDERE
7550 Scuol
www.belvedere-scuol.ch
Seite 141

**ROMANTIK BOUTIQUE HOTEL
GUARDAVAL**
7550 Scuol
www.guardaval-scuol.ch
Seite 93

since 1904

Schweizerhof
LENZERHEIDE

Hotel Schweizerhof
7078 Lenzerheide
081 385 25 25
www.schweizerhof-lenzerheide.ch

Hotel | Wellness | Restaurants

Das Hotel Schweizerhof.

Design und Natur. Tradition und Moderne.
«Alpenchic» – die neue Art, verantwortungsvoll zu geniessen.

Dies alles finden Sie im Hotel Schweizerhof Lenzerheide.
Und exklusiv: den grössten Hotel-Hamam in den Alpen.

Willkommen in unseren Sinneswelten!

★★★★   graubünden   ibex gold
fairstay label

REGIONENÜBERSICHT

GRAUBÜNDEN (FORTSETZUNG)

HOTEL CHESA RANDOLINA
7515 Sils Baselgia
www.randolina.ch
Seite 110

BADRUTT'S PALACE HOTEL
7500 St. Moritz
www.badruttspalace.com
Seite 43

CARLTON HOTEL ST. MORITZ
7500 St. Moritz
www.carlton-stmoritz.ch
Seite 52

HOTEL WALDHAUS AM SEE
7500 St. Moritz
www.waldhaus-am-see.ch
Seite 69

KEMPINSKI GRAND HOTEL DES BAINS
7500 St. Moritz
www.kempinski.com/stmoritz
Seite 127

KULM HOTEL ST. MORITZ
7500 St. Moritz
www.kulm.ch
Seite 41

SUVRETTA HOUSE
7500 St. Moritz
www.suvrettahouse.ch
Seite 53

VALBELLA INN RESORT
7077 Valbella
www.valbellainn.ch
Seite 186

HOTEL CASTELL
7524 Zuoz
www.hotelcastell.ch
Seite 90

Auf unsere Gipfel schaffen es auch Städter. Dank 670 Bergbahnen.

Schweiz.
ganz natürlich.

Stockhorn, Berner Oberland

Frische Bergluft, Panoramarestaurants und Höhenwege mit Aussichtsplätzen: Bequem erreichbar mit unseren Gondeln, Zahnradbahnen und Sesselliften. **MySwitzerland.com/sommer**

Unsere Partner   SBB CFF FFS   UBS

INSERENTENVERZEICHNIS

INSERENTEN

Wir danken unseren Inserenten, dank ihnen konnte dieses Buch realisiert werden.

Badrutt's Palace, 7500 St. Moritz	letzte Umschlagsseite
Baur au Lac, 8001 Zürich	Vorsatzblatt
Bern Tourismus, 3000 Bern 7	Seite 218
B+L Verlags AG, Hotelier, 8952 Schlieren	Seite 216
Bruno's Best AG, Sarnen	Seite 220
Coconet, Magazin Golf'14, 8640 Rapperswil	Seite 232
Dyhrberg AG Lachsräucherei, 4710 Klus/Balsthal	Seite 76
Gasthaus Krone, 7522 La Punt Chamues-ch	Seite 238
Globalwine AG, 8045 Zürich	Seite 212
Grand Hotel Kronenhof, 7504 Pontresina	Seite 16
Grand Hotel Zermatterhof, 3920 Zermatt	Seite 20
Grand Resort Bad Ragaz AG, 7310 Bad Ragaz	Seite 18
Gstaad Palace, 3780 Gstaad	Klappe
Gstaad-Saanenland Tourismus, 3780 Gstaad	Seite 24
Haecky Drink & Wine AG, 4153 Reinach	Seite 248
Hotel Alex, 3920 Zermatt	Seite 6
Hotel Bad Horn AG, 9326 Horn	Seite 234
Hotel Chlosterhof, 8260 Stein am Rhein	Seite 250
Hotel Eden Spiez, 3700 Spiez	Seite 222
Hotelleriesuisse, 3001 Bern	Seite 246
Hotel Hof Weissbad, 9057 Weissbad bei Appenzell	Seite 252
Hotel Schweizerhof, 7078 Lenzerheide	Seite 240
Hotel Seehof Davos, 7260 Davos-Dorf	Seite 244
Hotel Spitzhorn, 3792 Saanen-Gstaad	Seite 30
Kulm Hotel, 7500 St. Moritz	Seite 16
Lenkerhof Gourmet Spa Resort, 3775 Lenk i. S.	Nachsatzblatt
Maiensässhotel Guarda Val Sporz, 7078 Lenzerheide	Seite 8
Mont Cervin Palace, 3920 Zermatt	Seite 22
Parkhotel Gunten, 3654 Gunten	Klappe
Park Hyatt Zürich, 8002 Zürich	Seite 28
Schweiz Tourismus, 8027 Zürich	Seite 242
St. Jakobskellerei Schuler & Cie AG, 6423 Seewen	Seite 14
Engadin St. Moritz, 7500 St. Moritz	Seite 236
Swiss Deluxe Hotels, 8702 Zollikon	Seiten 10/11
Tamedia AG, Sonntagszeitung, 8021 Zürich	Seite 228
The Alpina, 3780 Gstaad	Seite 12
The Chedi, 6490 Andermatt	Seite 26
Tschuggen Hotel Group, 6612 Ascona	Nachsatzblatt
Victoria-Jungfrau-Collection AG, 3800 Interlaken	Seite 2
Villa Orselina, 6644 Orselina	Seite 230
Wellness & Spa Pirmin Zurbriggen, 3905 Saas Almagell	Seite 226
Zermatt Tourismus, 3920 Zermatt	Seite 224

HOTEL SEEHOF DAVOS

Wohlfühlen & Schlemmen
im frisch renovierten Hotel Seehof Davos

Salzig & Süss Tag & Nacht Fitness & Wellness Tagen & Feiern

Hotel Seehof Davos | Promenade 159 | CH-7260 Davos Dorf | Tel. +41 (0)81 417 94 44 | info@seehofdavos.ch | www.seehofdavos.ch

KARL WILD HOTELRATING – DIE GRUNDSÄTZE

1.
UNABHÄNGIGKEIT
Das *Karl Wild Hotelrating Schweiz* ist unabhängig. Die Personen, die sich mit der Bewertung und dem Rating von Schweizer Hotels beschäftigen, sind keinerlei Interessen verpflichtet.

2.
ZIELSETZUNG
Das *Karl Wild Hotelrating Schweiz* hat zum Ziel, Schweizer Hotels auf der Grundlage von überprüfbaren, aussagekräftigen und glaubwürdigen Kriterien zu bewerten und zu klassieren. Dies soll dem Hotelgast die Wahl seines Hotels erleichtern. Gleichzeitig soll damit ein Beitrag zur Qualitätsförderung der Schweizer Hotellerie geleistet werden.

3.
TRANSPARENZ DER BEWERTUNG
Das *Karl Wild Hotelrating Schweiz* steht für eine hohe Transparenz und Überprüfbarkeit der Bewertungskriterien und der bewerteten Beurteilungen der Hotels ein.

4.
KEINE EINFLUSSNAHME DER BEWERTETEN HOTELS
Das *Karl Wild Hotelrating Schweiz* garantiert, dass die Inhaber oder Direktionen der bewerteten Hotels keinen Einfluss auf das Rating nehmen können.

5.
NATIONAL UND INTER- NATIONAL ANERKANNTE PERSONEN ALS HOTELTESTER
Das *Karl Wild Hotelrating Schweiz* verpflichtet als unabhängige Hoteltester national und international anerkannte Persönlichkeiten, die aufgrund ihrer beruflichen Erfahrung über ein breites Fachwissen verfügen. Die Hoteltester werden in der Öffentlichkeit namentlich nicht bekannt gegeben.

Talente für die Hotellerie

Machen Sie Karriere in der Hotelbranche

Informationen zur Berufs- und Weiterbildung in der Hotellerie finden Sie unter
www.hotelleriesuisse.ch/karriere

**hotelleriesuisse – Kompetent.
Dynamisch. Herzlich.**

hotelleriesuisse
Swiss Hotel Association

6. REAKTIONEN WERDEN BEANTWORTET

Das *Karl Wild Hotelrating Schweiz* tritt auf Reaktionen, die im Zusammenhang mit dem Hotelrating stehen, ein. Die Reaktionen, Stellungnahmen und die Antworten werden auf der Homepage des Hotelratings veröffentlicht und zur Diskussion gestellt.

7. ANREGUNGEN UND INPUTS WERDEN BEGRÜSST

Das *Karl Wild Hotelrating Schweiz* begrüsst es, wenn Anregungen und Inputs zum Rating gemacht werden und prüft diese im Hinblick auf die Optimierung des Ratings.

8. MEHRJÄHRIGE ERFAHRUNG

Das *Karl Wild Hotelrating Schweiz* verfügt über 18 Jahre Hotelrating-Erfahrung. Das System wurde und wird regelmässig überprüft und neuen Anforderungen angepasst.

9. EINGETRAGENE MARKE

Das *Karl Wild Hotelrating Schweiz* ist als eigenständige Marke eingetragen und bürgt für die faire Bewertung von Hotels.

10. VERÖFFENTLICHUNG DER RATINGERGEBNISSE

Das *Karl Wild Hotelrating Schweiz* wird laufend auf den aktuellsten Stand gebracht. Die Ergebnisse werden sowohl exklusiv in periodisch erscheinenden Medien wie auch als Standardwerk in Buchform und über interaktive Medien jährlich einmal mit den entsprechenden Kommentaren veröffentlicht.

TIO PEPE
JEREZ
XÉRÈS SHERRY
Fino Muy Seco
PALOMINO
FINO
PAGOS CARRASCAL Y MACHARNUDO
Good food tastes better
with
TIO PEPE
Tio Pepe & Food
&FOOD
Available for:
iPhone
Android
www.tiopepeandfood.com
www.gonzalezbyass.com
In der Schweiz erhältlich bei Haecky Drink & Wine www.haecky.ch

TRAUERSPIEL UNTER PALMEN

Es waren wilde Jahre im Royal Cliff Beach Resort, das ein paar Autominuten ausserhalb des thailändischen Badeortes Pattaya liegt. Die Hotelanlage war ein faszinierender Schmelztiegel für Erlebnishungrige, Abenteurer, Nichtstuer, Gaukler und Golfer, die sich nach ihren Streifzügen durchs thailändische Sündenbabel ins luxuriöse Refugium zurückzogen. Für Glamour sorgten Promis wie Jimmy Carter, Roger Moore, König Albert von Belgien oder der Sultan von Brunei.

Zu den vielen Highlights in der bewegten Royal-Cliff-Geschichte zählten die Fahrten mit der riesigen hoteleigenen Segeljacht hinaus zur Insel Koh Pai. Es ging hoch zu und her auf diesen Trips, der legendäre Schweizer Hotelmanager Alois Fassbind war kaum zu bremsen. Vor Einbruch der Dämmerung wurde dann, gehauen oder gestochen, noch der Guggitaler Jass gespielt. Fassbind schaffte es auf wundersame Weise immer, die richtige Karte hochzustrecken. Auch wenn er längst belämmert unter dem Tisch hockte.

***

Fassbind, Haudegen und Weltmann zugleich, war die Seele des Resorts. Der Innerschweizer hatte 1966 eine Stelle im weltberühmten Oriental Bangkok angetreten. Sieben Jahre später war er General Manager im neuen Royal Cliff Beach Resort, das bald vier Luxushotels umfasste. Prunkstück war das Royal Wing, eines der weltweit ersten Suitenhotels überhaupt. Mit eigenem Butler für jeden Gast. Und Dienstleistungen, die selbst für Asien bahnbrechend waren.

Das Marketing- und Verkaufsgenie Fassbind arbeitete wie ein Besessener daran, die über 1000 Zimmer zu füllen. Den grossen Coup landete er mit Langzeitaufenthaltern aus Europa, den USA und Australien. Sie zahlten einen Spottpreis fürs Wohnen, dafür konsumierten sie um so mehr und sorgten für eine Bombenstimmung. Die Rechnung ging auf. In den 90er-Jahren wurde «Mister Pattaya», wie Fassbind bald genannt wurde, «Asiens Hotelier des Jahres».

***

Nicht alle standen gern im Schatten dieser brillanten Figur. Derweil sich der Erbauer des Royal Cliff, ein thailändischer Industrieller, stets im Hintergrund hielt, wuchs der Geltungsdrang seiner Frau Panga Vathanakul stetig. Der Crash war programmiert. Fassbind wurde entmachtet und ver-

Der Chlosterhof – zwischen Rhein und Reben

Mit seinem hervorragenden Ruf bei Gästen aus Wirtschaft, Industrie, Verwaltung und Bildung und dank seiner idealen Lage am Rhein hat sich der Chlosterhof längst als das führende Tagungs- und Seminarhotel in der Region durchgesetzt.

Geniesser hingegen schätzen die aufsehenerregenden Kreationen unseres italienischen Küchenchefs im Restaurant Le Bateau: Ausgesuchte Rohstoffe, sorgfältige Zubereitung und raffinierte Kombinationen traditionell schweizerischer Gerichte und internationaler Spezialitäten mit einem Hauch mediterraner Lebensfreude erwarten Sie. Bestens geeignet für einen Businesslunch ist dagegen Il Giardino, das Restaurant mit den köstlichsten Pastagerichten und anderen italienischen Finessen.

Einfach wundervoll zu jeder Tageszeit – die Sonnenuntergänge! – ist der Aufenthalt auf unserer Rheinterrasse. Und unsere Zimmer und Suiten? Nirgends träumen Sie schöner. Über allem steht ein sehr zuvorkommender Service, der Sie in den Mittelpunkt stellt. Viele kleine Details machen aus dem Besuch im Chlosterhof ein einmaliges Erlebnis. Überzeugen Sie sich!

Hotel Chlosterhof AG
Oehningerstrasse 2
8260 Stein am Rhein
Tel: +41 52 742 42 42
www.chlosterhof.ch

HOTEL CHLOSTERHOF

SCHLUSSPUNKT

starb überraschend. Was folgte, war ein Trauerspiel.

Nachdem Madame Vathanakul sich und ihren ebenso ahnungslosen Sohn Vathanai zu operativen Alleinherrschern ernannt hatte, brüskierte sie zuerst einmal die Langzeitaufenthalter. Ihre Arrangements seien wertlos, bekamen sie bei der Ankunft zu hören. Dann wurden die Preise massiv erhöht. Die sprachlosen Stammgäste, darunter hunderte von Schweizern, machten fast ausnahmslos rechtsumkehrt, buchten ein anderes Hotel oder flogen wieder heim.

***

Gekommen sind sie nie wieder. Die Anlage entleerte sich auf erschreckende Weise. «Das einst blühende Resort wurde von unfähigen Familienmitgliedern zu einer Bleibe für ein paar russische Touristengruppen heruntergewirtschaftet», sagt Kurt Rufli. Er muss es wissen. Rufli baute in Thailand aus dem Nichts die Amari-Hotelkette mit heute gegen drei Dutzend Erstklass- und Luxushotels auf und wurde zu einem Topshot der Welthotellerie.

Der Testbesuch im Royal Cliff, das einst überschäumte vor Lebensfreude, war tatsächlich deprimierend. In den 15 Restaurants sassen zur Haupt-Dinnerzeit total 9 Gäste. Sie wurden emsig umschwirrt von Scharen von beschäftigungslosen Serviceleuten, die dankbar waren für jeden leer gegessenen Teller. Erspähten sie einen, holten sie ihn gleich zu viert vom Tisch. Die Bars waren verlassen, die Hallen leer, die Gänge tot.

***

Am Empfang langweilten sich gut zehn Leute. Ihre Borniertheit war bemerkenswert. Nein, ein Taxi nach Pattaya würde man nicht bestellen, hiess es knapp. Für Fahrten sei die Hotellimousine zu buchen. Die Preise waren glatter Wucher. Also machten wir uns auf ins benachbarte Sheraton Pattaya. Dort rief man uns sofort ein Taxi, und weg waren wir. Für immer – wie all die andern Gäste des Royal Cliffs auch.

Die Mär von der Geschicht'? Geniale Macher schuften zehn Jahre, um ein Hotel an die Weltspitze zu führen. Dilettanten brauchen ein paar Monate, um es zu ruinieren.

Karl Wild

hofweissbad
appenzell und gesundheit

ankommen

erholen

geniessen

entspannen

entdecken

erleben

lötzl strötte ond leiig Lüüt
ruhige Atmosphäre und sympathische Leute

Herzlich willkommen im Hotel Hof Weissbad
Im Park · CH-9057 Weissbad · Tel. +41 71 798 80 80 · www.hofweissbad.ch

PARTNER

WIR DANKEN UNSEREN PARTNERN

SCHWEIZ TOURISMUS

HOTELLERIESUISSE

FACHZEITSCHRIFT HOTELIER

SWISS DELUXE HOTELS

PRIVATE SELECTION SERVICE

SONNTAGSZEITUNG

GSTAAD-SAANNENLAND TOURISMUS

BERN TOURISMUS

ZERMATT TOURISMUS

ENGADIN-ST. MORITZ TOURISMUS

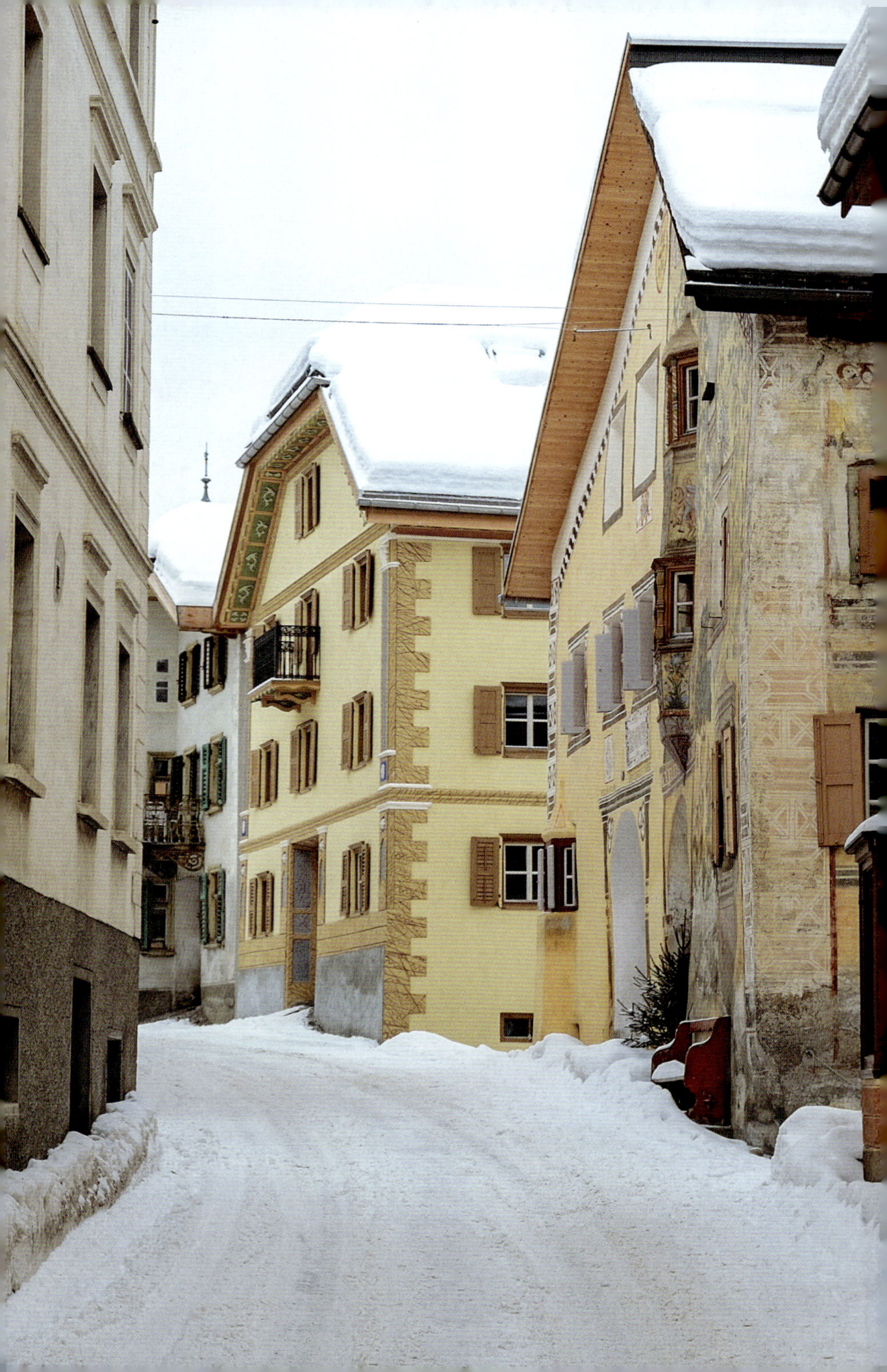

GUIDE BLEU 2015

CHF 49.–
© 2014, 13,5×21cm
Deutsche und französische Ausgabe
Über 660 Tests

Weitere Informationen zum
Guide Bleu finden Sie unter:
www.guide-bleu.ch

Die nächste Ausgabe des Guide Bleu erscheint im Herbst 2014 mit unabhängigen, fairen Gastrotests unter der Leitung von KARL WILD, Chefredaktor, und IRMA DÜTSCH. Mit vielen Zusatzinformationen, Fotos und Übersichtskarten der besten Restaurants jedes Kantons.

Die Verantwortung und Ausgestaltung der Tests, die bei über 660 Betrieben pro Jahr in der deutschen und welschen Schweiz durchgeführt werden, liegt in den Händen von Karl Wild und der erfahrenen Spitzenköchin Irma Dütsch. Zusammen mit einer Jury – bestehend aus mehreren Spitzenköchen der Schweiz – wählen sie gemeinsam die zu testenden Betriebe aus. Über 40 anonyme, unabhängige Tester sind in der Schweiz für den neuen Guide Bleu tätig. Ihre vertieften Testresultate und -berichte werden einerseits von einem erfahrenen Redaktionsteam überarbeitet, andererseits von der Jury auf Gerechtigkeit geprüft.

CHF 14.–

Holen Sie den Guide Bleu auf Ihr iPhone, iPad und Android!
Die Guide Bleu App ist zum Download über den App Store und Google play verfügbar.

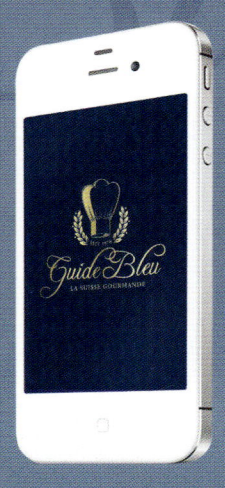

IMPRESSUM

© 2014	Karl Wild Hotelrating Schweiz CH-8135 Langnau am Albis
	Werd & Weber Verlag AG CH-3645 Thun/Gwatt
ISBN	978-3-03818-009-8
HERAUSGEBER/ COPYRIGHT	Karl Wild Hotelrating Schweiz CH-8135 Langnau am Albis www.karlwild-hotelrating.ch
VERLAG	Werd & Weber Verlag AG Gwattstrasse 144 CH-3645 Thun/Gwatt www.weberverlag.ch www.werdverlag.ch
GESTALTUNG/SATZ	Monica Schulthess Zettel Werd & Weber Verlag AG
AUSLIEFERUNG	Balmer Bücherdienst AG Kobiboden 3 CH-8840 Einsiedeln
VERLAGSVERTRETUNG DEUTSCHE SCHWEIZ	Andreas Meisel Hedingerstrasse 13 CH-8905 Arni andreas.meisel@bluewin.ch
BESTELLUNGEN	Über www.karlwild-hotelrating.ch oder www.weberverlag.ch. Bei den getesteten Hotels oder über den Buchhandel.
HAFTUNGSAUSSCHLUSS	Bei der Erhebung der Daten der Hotels können trotz grosser Sorgfalt falsche oder nicht mehr aktuelle Angaben entstanden sein. Daher schliessen wir jegliche Haftung aus. Wir bitten Sie, allfällige Anpassungen zu melden an: info@karlwild-hotelrating.ch
ANZEIGEN- UND PARTNERAKQUISITION	Bernhard Hunziker, Werd & Weber Verlag AG, CH-3645 Thun/Gwatt b.hunziker@weberag.ch
BESTELLUNGEN	Online über www.karlwild-hotelrating.ch, www.weberverlag.ch und über den Buchhandel.

Alle Rechte vorbehalten. Ohne ausdrückliche schriftliche Genehmigung des Verlages ist es nicht gestattet, das Buch oder Teile daraus zu kopieren, zu vervielfältigen oder für Eigenwerbung zu verwenden.

lenkerhof
gourmet spa resort

Erstklassiger Service in gelassener Atmosphäre. In trendiger Umgebung relaxen, in einem der grössten und modernsten Spas der Schweiz mit der seit Jahrhunderten geschätzten Balmenquelle. Und: Jeder Tag klingt aus, wie er begonnen hat: Mit „Well-Flavour", unserer vielfach ausgezeichneten Küche.

www.lenkerhof.ch · T 033 736 36 36 · welcome@lenkerhof.ch

TSCHUGGEN
GRAND HOTEL
AROSA

CARLTON
HOTEL
ST.MORITZ

HOTEL
EDEN ROC
ASCONA

Tschuggen Hotel Group

AROSA   ST. MORITZ   ASCONA

«ANGEKOMMEN IM STERNENHIMMEL»

Fünf Sterne zu haben, ist das eine. Sie zum Leuchten zu bringen, das andere. Und genau das ist uns gelungen. Erleben Sie die private Tschuggen Hotel Group mit ihren drei exklusiven Luxushotels. Sie liegen an den schönsten Orten der Schweiz: im Bergpanorama von Arosa, auf dem Sonnenplateau über dem St. Moritzer See und am Strand des Lago Maggiore.

TSCHUGGENHOTELGROUP.CH